달라이라마와 도올의 만남 (2)

도올 김용옥 지음

통나무

인간의 역사는 삶의 흐름이다.

우리 삶은 철학이나 과학이나 예술,

어느 한 가지 디시플린의 소산이 아니다.

우리가 알고 있는 모든 분과과학의 시각이

합쳐질 때만이 우리의 삶은 온전하게 이해될 수 있다.

Contents

비하르의 묵상

불교는 희론(戱論)이 아니다. 그것은 이론의 유희가 아니다. 화살에 맞아 죽어가는 사람을 놓고 그 화살을 어떻게 뽑냐는 것에 관한 이론을 나열하고 앉아 있을 시간이 없다. 우선 화살을 뽑고 생명의 부식을 막아야 한다. 우리는 왜 싯달타가 연기를 말했고 무아를 말했어야 했는지 항상 그 왜를 놓치지 말아야 한다. 연기의 실상은 무아론으로 귀착된다. 무아론의 궁극적 존재이유는 바로 무아행(無我行)에 있는 것이다. 무아행이란 자비(慈悲)의 실천이다. 무아의 연기적 실상 그것이 바로 공(空)이라는 것이다. 그런데 이 공은 자비가 없으면 의미가 없다. 공과 자비를 통합하는 것이 바로 연기요, 무아였던 것이다. 무아의 연기적 실상이 곧 공(空, śūnya, suñña)이요, 무아의 무아행적 실천이 곧 자비인 것이다. 공과 자비, 이것을 다른 말로 우리는 지혜(智慧, prajñā)와 방편

비하르의 묵상

달라이라마와 도올의 만남(2)

공과 자비

(方便, upāya)이라고 부른다. 이제 우리는 이런 것들을 이야기 해야 하는 것이다.

나는 묵상중이었다. 비하르의 터덜거리는 기나긴 여로에 지친 탓이기도 했지만, 니련선하를 처음 바라보는 순간, 그 너머 검푸르게 널려진 시타림과 전정각산이 순간적으로 나에게 던진 압도적 느낌, 그 느낌속에서 보드가야의 대탑에 이르는, 길지도 않은 시간속에서 나는 이와같이 기나긴 생각들의 묵상속에 빠져 있었던 것이다.

우리말에 "백문불여일견"(百聞不如一見)이라는 말이 있다. 나는 이 속언의 위대성을 내가 탄 토요타 쿠발리스의 앞좌석에서 벙거지모자를 푸욱 뒤집어 쓴 채 되씹고 있었다.

미켈란제로는 이태리의 어느 거지를 모델로 삼아 예수를 그렸다고 한다. 그가 프로렌스의 자기동네 거지를 모델로 삼아 예수의 모습을 그린 것이 사실이든지 아니든지 간에 중요한 것은 그는 살아있는 인간의 모습을 우리에게 전달했다는 것이다. 그런데 불행하게도 최초로 싯달타를 인간의 모습으로 표현한, 쿠샨왕조(Kushān Dynasty) 간다라(Gandhāra)의 예술가들은 살아있는 인간이 아닌, 이미 조각화되어버린 희랍의 신상을 불타의 모습에 덮어씌웠다. 붓다의 최초의 모습은 아름답게 생긴 청년 아폴로신의 모습이었다. 그런데 이것도 실상은 희랍의 직접적 영향이 아니다.

간다라에 전달된 당대의 미술양
식은 전적으로 로마의 것이라
해야 옳다. 그것은 로마제국의
동단에서 발생한 로마미술의 지
역적 표현의 하나였다.[45] 그런
데 간다라의 불상만 하더라도
희랍인들이 그리려고 했던 인간

간다라 지역 하다
(Hadda)에서 발견된
이 조각은 희랍신상
같지만 간다라에서 불
상을 제작한 장인들의
손에서 이루어진 작품
이다. 파리 귀메박물
관 (Musée Guimet,
Paris) 소장. 이러한
장인의 솜씨가 불상
으로 전환된 것이다.
아래 베를린 인도박
물관 소장(Museum
für Indische Kunst,
Berlin)의 탁트 이 바
히(Takht-i-Bahi) 출토
불좌상의 머리는 소라
모양의 정형이 아닌
아폴로의 긴 머리카락
을 묶었다. 얼굴도 정
형화되지 않은 미남자
의 얼굴이며 가부좌도
어색하고 표현이 어려
워 로마인의 옷주름으
로 덮어 버렸다. 이것
은 단독 불좌상으로는
2세기초에까지 올라
갈 수 있는 최고층대
의 작품이다. 환조가
아닌 고부조(高浮彫)
의 상이다. 이 문제는
뒤에서 다시 상술한
다.

적인 신들의 말랑말랑한 모습들이 그런대로 살아 있었다. 그런데
우리가 지금 접하는 불상의 대부분은 간다라의 것이 아닌 마투라
(Mathurā)의 불상들을 모델로 한 것이다. 간다라의 불상에서 보여
지던 현실적인 인간의 머리카락들이 마투라의 불상에 오면 모두

소라모양의 일정한 양식으
로 변화하게 된다. 가부좌
를 튼 명상의 자세들은 모
두 현실적인 인간의 모습이
아닌 대각의 추상적 속성을
표현하기 위한 근엄한 자세
들이다. 우리가 보는 불상
속에는 우리 주변에서 찾아
볼 수 있는, 그러한 현실적
인간의 모습이 없는 것이
다. 모두 철저히 양식화되
어 있는 것이다. 이것은 마

투라의 조각가들이 그레코-로망풍을 제거하고 자기자신들의 고유한 인도적 관념과 형식을 창안하려는 데서 생겨난 경향이기는 하지만, 우리에게 이러한 경향은 지극히 바람직한 것이 아니다.

예수의 모습과 싯달타의 모습의 이러한 차이는 우리에게 중요한 관념의 차이를 나타내준다. 보다 신적인 예수는 우리에게 인간적으로 다가오는 반면, 보다 인간적인 싯달타는 우리에게 신적으로 다가오고 있는 것이다. 이것은 기실 역사적으로 대승불교가 우리에게 끼친 해악 중의 하나다. 싯달타라는 인간이 증발되어버린 것이다.

나는 나이란쟈나 강을 보는 순간, 인간 싯달타가 들이마셨던 그 상큼하고 시원한 공기를 마음껏 들이마셨다. 그리고 끊임없는 묵상 속으로 빠져들어갔던 것이다. 내가 탄 차는 어느덧 번잡한 보드가야의 시내로 진입하고 있었다. 달라이라마가 주관하는 칼라차크라(Kālacakra, 時輪: 탄트라 이니시에이션) 제식의 대 행사를 앞두고 세계에서 몰려든 불교도들로 붐비고 있었다. 길거리를 메운 진주홍의 법복, 샴탑(gzham thab)과 샌(gzan)을 걸친 티벹승려들, 그리고 울긋불긋 화려한 색깔의 털옷을 팔고 있는 티벹 노점상인들, 오랫만에 다시 만난 정겨운 모습들이었다.

보드가야시내의 정경.
티벹승려의 복장에서
치마같은 아랫도리가
샴탑이고 그 위에 걸친
것이 샌이다. 문안 오
른쪽으로 티벹 노점상
들이 보인다.

수자타와 뭄따즈

　오랫만에 다시 정박한 곳은 수자타라는 이름의 호텔이었다. 보드가야에서는 가장 최신의 가장 좋은 호텔로 꼽히는 곳이었지만 나에겐 좀 낯선 곳이었다. 아니, 좀 지겨웁게 느껴지도록 끔찍한 곳이었다. 내가 들어간 곳은 219호실, 방금 칠한 페인트냄새가 풀풀 나는 아주 깨끗한 방이었지만 나를 끔찍하게 만드는 것은 돌의 한기였다. 인도사람들에게는 일상적으로 생활하는 공간과 죽음의 공간이 구별이 없는 듯했다. 인도역사 전체를 통틀어 가장 아름다운 건축물로 꼽히는 아그라(Agra)의 따즈 마할(Taj Mahal)도 단순한 한 여자의 무덤이다. 무굴제국의 다섯번째 왕인 샤 자한(Shah Jahan, 1592~1666)이 자기를 위해 14번째 아기를 낳다가 객사한 부인, 뭄따즈 마할(Mumtaj Mahal)을 못잊어하면서 지은 무덤이다. 아마도 그것은 한 여자에 대한 사랑의 표시로서는 가장 사치

스러운 문명의 장난이었을 것이다. 그렇다고 뭄따즈가 사치스럽거나 요염한 여자는 아니었다. 그녀의 고모이자 선왕 자한기르(Jahangir)의 부인이었던 누르 자한(Nur Jahan)이 자기 남편을 손아귀에 넣고 권세를 누렸던 것과는 달리, 뭄따즈는 자기 남편에게 매우 순종적이며 지혜로운 충고자였으며, 조용히 수발을 드는 그런 여인이었다. 19년의 결혼생활(1612~1631)에 14명의 아이를 낳았으며 남편이 전장(戰場)을 전전해도 그의 곁을 떠나질 않았다. 샤 자한이 황제로서 등극한 것은 1628년 1월 28일이었으니까, 그들이 아그라에서 황제와 황후로서 행복하게 살았던 시절은 불과 2년에 불과했다. 샤 자한은 1629년 12월에 데칸에 문제가 생겨 출정을 떠나야 했고, 뭄따즈는 그 출정길을 1년 반이나 수발들었다. 그리고 14번째 아이를 낳다가 객사했던 것이다(1631년 6월 7일 부르한뿌르[Burhanpur] 근교에서 죽음). 그녀는 죽으면서 그녀를 진정으로 의지하고 사랑했던 남편에게 다음의 두가지 유언을 남겼다.

1. 세상에서 가장 아름다운 무덤을 날 위해 지어주오.

2. 재혼하지 말아주오.

따즈 마할로 들어가는 대문. 이 대문만 해도 그 자체로 매우 완성도가 높은 조형물이다. "천국이 여기 있으니 여기 영원히 편히 사시오"라는 『꾸란』 82장의 구절이 새겨져 있다. 이 문을 들어서면 십자형 수로의 가든이 있고 그 가든 저편에 웅장한 따즈 마할이 자리잡고 있다.

달라이라마와 도올의 만남(2)

따즈 마할의 특징은 이전의 무굴제국 건축물의 소재가 붉은 사암인데 비하여 흰 대리석을 썼다는 것이다. 그리고 이태리 프로렌스에서 유행된 삐에트라 듀라(*pietra dura*)라는 돌 상감기법을 최대한 활용하였다. 20여년 동안에(1631~1653?) 전 세계에서 불러온 2만여명의 석공이 땀을 흘렸다. 이 묘를 지은 석공들이 또 다시 아름다운 묘를 짓는 일이 없도록 하기 위하여 손목을 다 잘라버렸다는 설화는 허풍쟁이들이 지어낸 거짓말인 듯하다. 왜냐하면 샤 자한은 야무나 강 건너에 이와 동일한 모양의, 자기를 위한 검은 대리석의 묘를 지으려고 했었기 때문이다. 이 날 안개가 너무 심해 선명한 사진을 얻지 못했다.

샤 자한은 정확하게 이 유언을 지켰다. 샤 자한은 매우 섬세하고 화려한 예술적 감각의 소유자였으며 그 자신이 당대 최상의 건축가였다. 샤 자한은 2년 동안 식음을 전폐하다시피 하면서 화려한 의상이나 음악, 모든 방종을 자제했다. 그리고 오직 죽은 자기부인만을 생각하면서 눈물로써 세월을 보내며 복상했던 것이다. 그리고 나머지 생애를 따즈 마할의 건축에만 전념하였다. 그리고 말년에는 실정을 거듭하였고, 당현종처럼 그의 아들 아우랑제브에게 태상황으로 유폐되어 8년의 고적한 세월을 보내다 죽었다. 1666년 1월 22일 야무나강 건너 그가 지은 따즈 마할 무덤이 보이는 아그라성(Agra Fort)의 8각형 옥탑에서 그는 『꾸란』의 구절을 들으며 평화롭게 눈을 감았다. 그의 시신은 다음날 야무나강을 따라 그가 그토록 사랑하던 부인의 무덤곁으로 옮겨졌다.[46]

아그라성의 8각형 옥탑,
무삼만 부르즈(Musamman Burj).
매우 정교한 삐에트라 듀라
기법으로 장식되었다.
이 탑에서 내다 보이는 강이
야무나 강이다.
이 야무나 강의 안개속에
웅장한 따즈 마할이 보인다.
큰 딸 자하나라(Jahanara)가 그의
눈물겨운 8년의 세월을 지켰다.

내가 지금 말하고자 하는 것은 인도의 건축물은 죽은 사람의 공간이나 산 사람의 공간이나 모두 돌로 이루어져 있다는 것이다. 바닥도 벽도 창문도 천정도 모두 돌이다. 무굴제국의 번영의 기초를 닦았을 뿐만 아니라 인도역사상 가장 위대한 성군으로 꼽히는, 마하트마 간디조차 아낌없는 존경의 념을 표했던 아크바르(Akbar, 1542~1605)대제의 침실에도 가보았지만, 그것 역시 거대한 돌방에 사람의 키 이상으로 높여진 거대한 돌침대였다("완벽한 도시"라는 뜻의 파테푸르 시크리[Fatehpur Sikri]에 아크바르가 지은 궁전 속에 있다. 그의 침실은 크와브가[Khwabgah]라고 불리운다). 인도의 최고의 성군으로 꼽히는 아크바르, 이슬람·힌두·배화교·쟈이나교·유대교·카톨릭 등 모든 종교에 대해 차별없는 관용을 베풀고 편견없는 이해를 호소했던 아크바르도 평생을 돌방 속 돌침대 위에서 보냈던 것이다.

아크바르 침실로 가는 길
파테푸르 시크리

아크바르의 침대. 돌사
다리를 놓고 올라가야
했을 것이다. 텅빈 침
실을 흰 개 한마리가
지키고 있다.

　　단순하고 건장한, 질박하고 강인한 느낌이 드는 그의 침실 속에
서 나는 그의 문·무를 겸비한 질소한 인품을 흠끽했지만, 난 정말
돌구뎅이 속에서 자기는 싫었다. 그런데 인도인들은 이러한 환경
에 완벽하게 무감각한 듯했다. 내가 인도에서 본 모든 것이 돌이
었다. 인도의 문명이란 곧 돌의 가공을 의미하는 것이었다. 내가
본 모든 건축물이 돌이었고, 모든 조각품·공예품이 돌이었고, 대
부분의 생활도구가 돌이었다. 아잔타(Ajanta)에서 본 모든 비하라

달라이라마와 도올의 만남(2)

(vihara, 僧房), 그리고 차이띠야(caitya, 法堂)가 그냥 돌절벽을 쌩으로 파고 들어간 돌구멍들일 뿐이었다. 엘로라(Ellora)의 거대한 카일라사 사원(Kailasa Temple), 아테네의 파르테논신전 건물면적의 두배나 되고 높이도 그 보다 반이나 더 높은, 복잡한 스트럭쳐와 정교한 조각의 이 거대건물이 단 하나의 통돌을 파들어간 것이다. 그러니까 로마의 베드로사원 같은 것이, 단 하나의 통돌을 파들어간 단일조각품이라는 상상키 어려운 상상을 해야 한다. 그러나 그것은 7천여명의 석공들이 150여년을 걸려 2만톤의 돌을 깎아낸, 세계 최대의 단일 통돌조각 건조물(the world's largest monolithic sculpture)인 것이다.[47] 돌, 돌, 돌, 돌, 이제는 정말 돌만 보면 돌아버릴 지경이었다.

엘로라의 비하라. 한 구멍 한 구멍이 스님들이 수행하는 방이다. 오늘 우리가 살고 있는 원룸 아파트의 원형이라 할 수 있는 이 다층 건조물은 우리 아파트보다는 좀 살기 괴로운 곳이었을 것이다. 통풍이 전혀 안되는 돌구멍이기 때문이다. 지금은 박쥐들이 지키고 있다.

이 거대한 시바의 사원이
단 하나의 통돌 조각품이다

우리나라처럼 건축자재로서는 최적인 양질의 화강암을 산출하는 나라도 많지 않지만 우리선조들은 삶의 공간에 돌을 사용하는 것을 자제하였다. 생명의 공간은 기가 소통되어야 한다는 원칙이 있었기 때문에 내외의 기의 소통을 차단하는 석재를, 계단이나 주춧돌로는 즐겨 사용할지언정, 방바닥이나 벽면, 천정에는 사용하지를 않았던 것이다. 나무나 흙, 종이와 같은 가볍고 보온성이 높은 소재를 사용하였던 것이다. 그리고 건물이라는 것 자체에 영원성을 부여하지 않았다. 그것은 인간의 삶과도 같이 천지간에 잠깐 생겨났다가 스러지고 마는 손님과도 같은 객형(客形)일 뿐이었다. 나는 비록 관광수입꺼리는 후손에게 남겨놓지 않았을지언정, 소

엘로라 카일라사 사원
마당의 석주

박한 집을 짓고 살았던 우리 조상들의 지혜가 그리웠다. 나무기둥 토벽에 따끈한 온돌바닥에서 하룻밤이라도 자봤으면 하는 그리움이 사무칠 무렵, 나는 수자타호텔의 석굴과도 같은 방에 또 다시 여장을 풀지 않으면 안되었다.

나를 동행한 남군과 이군은 먼저 달라이라마께서 머무시기로 되어있는 궁전에 가서 나의 소재지를 보고했다. 그리고 달라이라마께서 내일 오전 10시경에 보드가야에 도착하실 예정이라는 정보를 다시 확인했다.

인도라는 판타지

- 아유타에서 온 허왕후 -

　나에게 있어서 인도는 하나의 판타지였다. 우리가 자라날 때만해도 외국엘 나간다는 것은 꿈도 꿀 수가 없었다. 나는 어렸을 때 내손으로 자동차 한번 몰아보는 것이 꿈이었다. 그것은 마치 『이티』의 소년이 자전거를 타고 창공을 날으는 것과도 같은 그런 보름달의 판타지였다. 그랬던 내가 인도를 간다는 것은 기억도 없는 머나먼 옛날 혜초스님의 발자취를 더듬는 인디아나 죤스의 탐험과도 같은 이야기였다. 그런데 세상이 너무도 변했다. 변해도 변해도 너무도 변했다. 인도가 이제는 바로 지척지간에 있는 것이다. 마음만 먹으면 갈 수 있는 인도였지만 나에겐 아직도 너무도 멀기만 한 인도였다. 인도하면 왠지 피리소리에 춤을 추는 코브라의 모습이나 공중에 붕 떠있는 요기들의 황홀경, 깡마른 나족의 성자 간디옹의 모습, 그리고 꿈브멜라(Kumbh Mela)의 울긋불긋 아그라에서 카주라호로 가는 비행기가 또 취소되었다. 인도에서는 예고없이 임의대로 기차나 비행기의 일정이 취소되는 것은 다반사다. 책임지어 주는 사람이 아무도 없다. 하는 수 없이 아그라의 한 호텔에서 카주라호까지 가는 자동차를 대절해야만 했다. 고달펐지만 덕분에 인도인의 삶과 밀착된 여행을 할 수 있었다. 아그라의 시내 어느 장마당에서 머리에 사발을 이고 외발자전거를 타면서 줄타기를 하고 있는 소년의 가냘픈 모습을 여기 담았다.

한 광란의 제상들만 머리를 감도는 것이다. 나는 고전학도로서 인도에 유학가는 것을 항상 꿈꾸어왔다. 그런데 이제는 그런 꿈만 꾸다가 청운의 세월이 다 흘러가버리고 만 것이다.

그렇지만 돌이켜 보면 인도는 결코 우리의 심층의식 속에 그리 멀리 있지 않았다. "보드가야"라는 지명은 붓다의 보리수나무 때문에 생긴 이름이다. 그 지역을 우리는 그냥 "가야"(Gaya)라고 부른다. 보드가야에서 깨달음을 의미하는 보드(bodhi)를 떼어내면 가야가 되는 것이다. 그런데 이 가야라는 지명이 우리나라의 "가야"(伽耶)국의 이름과 모종의 관련이 있다는 설도 단순한 발

음의 일치를 넘어서는 어떤 역
사적 교류의 사실을 말해주고
있을지도 모른다. 금관 가야국
의 개조(開祖)인 김수로왕(金
首露王)이 부인을 취하지 않고
기다렸다가, 남쪽바다로부터
배타고 오는 아유타국(阿踰陁
國)의 공주, 허황옥(許黃玉)을
왕후로 맞이했다는 전설은 단

순한 전설이상의 구체적인 역사적 정황을 전달해주고 있다고 보
여진다.[48] 지금도 웃따르 쁘라데쉬(Uttar Pradesh)주의 화이자바
드(Faizabad)에서 동쪽으로 6km 떨어진 곳에 아요댜(Ayodhya)라
는 성스러운 도시가 있다. 힌두이즘의 7성지중의 하나이며, 『라
마야나』의 주인공, 라마(Rama)의 출생지로서, 그 서사시의 많은
사건과 관련되어 있는 고도인
것이다. 이 아요댜가 바로 김
수로왕의 부인 허씨공주의 본
국인 "아유타"(阿踰陁)인 것이
다. "아유사"(阿踰揷), "아유
차"(阿踰遮)라고도 표기된다.
현장(玄奘)은 『대당서역기』(大
唐西域記) 권5에서 다음과 같
이 개관하고 있다:

인도의 토착종교인 나가
신앙의 주인공 코브라를
춤추게 만드는 뱀조련
사. 인도인의 관념속에
코브라는 애·증의 콤플
렉스로 남아있다.

우리나라 경주 황룡사 장육존상 기단의 돌 받침. 진흥왕 14년(553) 2월에 대궐을 용궁 남쪽에 지으려하는데 황룡이 나타났다. 그래서 이곳에 절을 지었는데, 그것이 황룡사다. 얼마 안있어 남쪽에 큰 배 한 척이 떠와 하곡현 사포에 닿았다. 이 배 속엔 공문이 있었다. 인도 아쇼카왕이 황철 5만 7천근과 황금 3만푼을 모아 석가불상 셋을 주조하려다 이루지 못해 그것을 배에 실어 띄우면서 "인연있는 국토에 가서 장육존상을 이루어 달라"(願到有緣國土, 成丈六尊容.)고 축원했다는 내용이었다. 한 부처와 두 보살의 모형도 함께 들어 있었다. 바로 이 장육존상이 우뚝 서 있던 자리가 지금도 황룡사 절터에 남아있다. 『삼국유사』 권 제3, 탑상제4, 황룡사장육(皇龍寺丈六)조.

아유타국은 주위가 5천여리고, 나라의 대도성은 주위가 20여리가 된다. 농업이 번창하고 꽃이나 과일이 풍성하다. 기후가 온화하고 풍속이 선량하다. 복 비는 제사를 지내기 좋아하며 기술을 배우는 것에 힘쓴다. 불교가람이 백여개가 되며, 스님들은 3천여명이 주거하며, 대승과 소승을 겸하여 학습하고 있다. 힌두신들을 모시는 사원도 10여군데 있으나, 이교도들은 적은 편이다. 그리고 세친(世親, 바수반두)과 무착(無着, 아상가)과 같은 대사들이 묵으면서 제자들을 가르친 강당들이 있다. …49)

전설로만 들렸던 이러한 얘기들이 이제는 보다 리얼하게 느껴질 수 있는 것이다. 다시 말해서 인도의 벵갈만에서 배를 타고 가야의 남해안까지 직접 올 수 있는 가능성도 배제할 수만은 없는 것이다. 고대사회는 오히려 우리의 상상의 범위를 넘어서서 활발하게 교류된 문명의 터전들이었다. 조선반도의 고대문화가 천축국들과 직접 관련이 없다고 단정지을 수만은 없다.

KBS "도올의 논어이야기" 강좌를 끝내고 나는 외유의 길에 나서야만 했다. 나는 세계문명의 정점에 서 있는 맨하탄의 한복판에서 특별한 콤미트먼트가 없이 3개월의 한가로운 시간을 보낼 수 있었다. 그것은 학문이 어느 정도 무르익어 가는 나에게 있어서는 엄청난 축복의 시간이었다. 젊은 시절때보다도 훨씬 더 집약적으로 그리고 효율적으로, 인류문명의 정화를 꽃피우고 있던 뉴욕의 성싱한 젖줄을 실컷 빨아 들이킬 수 있었다. 그 시절은 뉴욕이라는 문명의 클라이막스였다. 나는 트윈 빌딩 바로 밑에서 살았다. 그리고 트윈 빌딩이 폭파되기 바로 며칠 전에 죤 에프 케네디공항을 이륙하였던 것이다. 운명의 신은 결코 나의 몸둥이를 구성하고 있는 오온(五蘊)의 이산(離散)을 허락하는 것 같질 않았다.

"라마교"라는 표현은 있을 수 없다. "티벹불교"라 해야 옳다. 라마교라는 표현은 마치 한국불교를 "스님교"라고 부르는 것과도 같은 그릇된 표현이다. "라마"라는 말은 스승(구루)에 해당되는 티벹어일 뿐이다. 청조는 티벹불교를 숭상하였다. 옹화궁(雍和宮)은 원래 옹정제의 동궁이었다. 건륭 9년(1744)에 이 궁을 티벹불교(라마교)의 사원으로 만들었다. 그곳 법륜전(法輪殿)에 겔룩파의 시조 쫑카파(宗喀巴)의 거대한 상(6.1m)을 모셔 놓았다. 본 서를 편집하던 중 궁금하여 북경에 잠시 다녀왔다. 안정문(安定門) 부근에 자리잡고 있었다.

쫑카파와 겔룩파

나는 뉴욕에서 3개월을 머무는 동안, 뉴욕의 지성가에 새롭게 번지고 있는 많은 새로운 사조의 물결에 접했다. 그 중에서 나의 주목을 끈 것 중의 하나가 티벧불교였다. 소승과 대승과 밀교의 모든 것이 구비된 듯이 보이는 티벧불교는 매우 정교한 이론을 구비하고 있었다. 그리고 매우 구체적이면서도 단계적인 수행론을 나에게 제시했다. 그리고 나는 티벧장경과 팔리어장경에 새롭게 눈을 떴다. 서양사람들이 원시경전을 통해 이해하고 있는 불교의 모습과 내가 한역불전만에 의존하여 이해해온 불교의 모습에는 무엇인가 새롭게 조화되지 않으면 안될 괴리감이 강하게 느껴졌다. 나는 그 괴리감을 탐색하기 시작했다. 나는 이러한 탐색과정에서 인도문명의 전체를 다시 한번 조망하는 위대한 기회를 가졌다. 나는 짧은 시간내에 약 200여권의 책을 독파했다. 나는 나의

달라이라마가 있어야
할 곳. 라사의 포탈라
궁(The Potala Palace,
Lhasa, Tibet). 라사는
9세기부터 티벹의 수
도였다. 히말라야 산
맥의 3,658m 고지에
그 웅장한 자태를 드
러내고 있다.

후학들에게 참으로 어학의 위대성을 다시 한번 강조하고 싶다. 우
리나라의 학인이라면 최소한 영어와 일어만은 완벽하게 습득할
필요가 있다. 영어와 일본어 속에 저장된 인류문명의 보고는 참으
로 엄청난 것이다. 그런데 어학실력이란 토플성적으로 해결되는
것이 아니다. 영어를 완벽하게 한다는 것은 영어를 빌어 등장하는
모든 위대한 정신들의 마음과 직접 교감할 수 있는 나 자신의 인
식능력을 말하는 것이다. 나는 영어와 일어를 통하여 14세기 티벹
의 위대한 사상가 쫑카파(Tsong-kha-pa, 1357~1419)를 만났다.[50]
신비롭고도 혁신적인 대학승이었다. 그의 위대한 업적은 곧 티벹
인의 내셔날 아이덴티티 즉 민족정신의 수립을 의미하는 것이었

다. 그의 정신적 투쟁 속에서 겔룩파가 태어났고 달라이라마
(Dalai Lama)라는 제도가 태어난 것이다.

우리나라 화정박물관에 소장되어 있는 쫑카파의 조사도(祖師圖) 탕카. 이 조사도가 쫑카파를 그리고 있다는 것을 알 수 있는 근거는 그 옆에 있는 두 제자의 모습 때문이다. 쫑카파는 1409년 간덴 사원을 건립하고 초대 좌주(座主)가 되었는데, 그의 두 제자가 2대 3대 좌주를 계승하였다. 이 탕카의 좌측에 앉아 있는 사람이 제2대 좌주 갸르쫍제·달마린첸(rGyal tshab rje Dar ma rin chen, 1364~1432)이고 우측이 제3대 케둡제·게렉페르삼뽀(mKhas grub rje dGe legs dpal bzaṅ po, 1385~1438)이다. 이 3인을 보통 존자 삼부자(rje yab sras gsum)라고 부른다. 조사도에서 쫑카파는 항상 이들과 같이 있다. 상부에는 미륵정토가 그려져 있다.

『악취청정(惡趣淸淨) 탄트라』의 일체지비로자나(一切智毘盧遮那) 만다라. Sarvavid Maṇḍala of the Sarvadurgatipariśodhana-tantra. 티벹수도승들은 이 만다라를 통해 상상의 나래를 편다. 이 만다라의 중심부에는 비로자나 부처가 모셔져 있는데 그것은 형상으로 표현되어 있지 않고 존격을 상징하는 한 글자의 종자(種字)로 묘사되어 있다. 『악취청정 탄트라』는 장례 등에 널리 사용되는 티벹의 밀교경전이다. 이 만다라가 겔룩파 계열의 것이라는 것은 바로 상단의 쫑카파 사제삼존상으로 알 수 있다. 하단 중앙에는 비사문천(毘沙門天)과 그 양옆으로 녹색·백색 타라보살이 배치되어 있다.

동일한 주제의
『악취청정 탄트
라』의 일체지비
로자나 만다라인
데 이것은 사캬파
에서 성립한 것이
다. 상단에 사캬
파의 조사들이 들
어서 있다. 화정
박물관 소장

나는 귀국하는 대로 달라이라마를 만날 길을 모색했다. 한국에서는 최근 달라이라마 방한을 추진하는 운동이 있었으나 중국정부의 입김이 너무 거센 탓인지 우리 정부는 많은 국민들의 열망에도 불구하고 그에게 방한의 기회를 허락치 않았다. 현재의 달라이라마, 텐진 갸초(Tenzin Gyatso, 1935~)는 제14대 계승자이며,[51] 그는 1959년 중국정부의 압제를 못이겨 80여 명의 호위단과 함께 히말라야 산길의 사경을 헤치면서 인도로 망명하였고, 망명정부를 인도의 북부지역인 다람살라(Dharamsala)에 정착시켰다. 그 후 40여 년간의 그의 줄기찬 비폭력적 독립의 호소는 세계양심의 심금을 울렸고 1989년에는 노벨평화상(the Nobel Peace Prize)이 주어졌다. 노벨평화상이 그를 빛낸 것이라기 보다는, 그의 수상이 노벨평화상의 진정한 가치를 제고시켰다고 나는 믿는다.

평화상 수상을 계기로 저는 우리 티벹이 진실과 용기, 그리고 결단력을 무기로, 반드시 해방을 이루고야 말 것이라는 신념을 새롭게 다짐합니다(1989년, 노벨평화상 수상 연설문 중에서).

그는 티벹이라는 국가의 유일한 합법적 행정수반이며, 국민의 깊은 존경을 받는 정신적 지도자이다. 나 도올이 한 개인의 자격으로서 한 국가의 수반을 만난다는 것은 결코 쉬운 일만은 아니었다. 더구나 의례적인 짧은 만남이면 모르겠지만, 나는 그와 사적으로 만나서 그의 내면의 정신세계를 파고들어 갈 수 있는 기회를 얻고자 하는 것이다. 나는 한국의 평범한 서생이다. 권위를 가진

일체의 직분이나 사회적 타이틀이 나에겐 한오라기도 없다. 그리
고 국제사회에서 달라이라마만큼의 어떤 지명도나 명성을 갖고
있지도 않다. 그에게 나의 가치를 인식시킬 기회가 없는 것이다.
그가 나를 만나야 할 필연성을 설득시키기가 매우 어려운 것이다.
그리고 그는 현실적으로 매우 바쁜 사람이었다. 설사 날 만나고
싶다고 한다해도 그의 스케쥴은 그의 개인의 의지대로 움직이는
것이 아닐 것이다. 이미 3년의 스케쥴이 다 짜여져 있다는 것이다.
참으로 난감했다.

내가 우리말로 번역한 『금강반야바라밀경』(金剛般若波羅蜜經)의 티벹본.
종이 위에 금은가루로 쓴 것이다. 12.4×38.5cm. 화정박물관 소장.

티벹의 비극

나는 달라이라마방한준비위원회의 사람들을 접촉했다. 그리고 달라이라마의 동아시아 스케쥴을 담당하는 망명정부의 대사가 토오쿄오에 주재하고 있다는 사실을 알아냈다. 자툴 린포체(Zatul Rinpoche)라는 인물이었다. 린포체라는 명명은 티벹의 고승이나 고위관직자들의 이름에서 자주 발견이 되는데, 그것은 영적 스승에게 붙여지는 칭호이며, "고귀한 분"이라는 뜻이다.[52] 그리고 린포체가 가끔 순방길에 한국에도 들른다는 사실을 알아냈다. 그리고 서울의 어느 호텔 커피숍에서 그를 만나는 데 성공했다. 재미있는 사실은 그가 나를 만나자마자 나를 알아볼 뿐 아니라 오래 사귄 친구처럼 대해주었다는 것이다. 영문을 알아본즉, 그는 나를 KBS의 테레비화면에서 본 적이 있을 뿐 아니라, 잠깐 비춘 모습이었지만 말은 못알아들었어도 내가 대단한 영적 힘을 소유한 한국

뭄바이에 있는 기차역, 빅토리아 터미누스(Victoria Terminus). 영국 식민통치자들이 지은 것이다. 프레데릭 스티븐스(Frederick Stevens)의 설계로 1887년에 완성. 거대하고 아름답게 장식된 고딕 성당이나 궁전처럼 보인다. 그 세부적 조각이 너무도 화려하다. 일본인들은 조선총독부를 가장 화려하게 지었지만 영국인들은 일반 백성들이 일상생활 속에서 공유하는 건물을 가장 화려하게 지었다. 그래서 오늘까지 사랑받는 건물로 남아있다.

의 정신적 지도자라고 확신하고 있었다는 것이었다. 린포체는 유려한 영어를 또박또박 확실한 발음으로 구사했다. 그의 모습은 완벽한 조선의 신사였다. 완벽한 몽골로이드 혈통의 사람이었던 것이다. 정말 크나큰 행운이었다. 무엇보다도 그에게 나를 구차스럽게 선전해야할 필요가 없었다는 것이 그렇게 고마울 수가 없었다. 테레비의 위력은 참으로 엄청난 것이다. 나는 이 순간에도 나의 "논어이야기" 프로그램을 제작한 KBS의 모든 분들에게 충심으로 감사의 말씀을 드리고 싶다. 그리고 테레비라는 매체를 우리가 위대하게만 사용하기만 한다면 정말 위대한 가치가 브라운관으로부터 쏟아져 나온다는 것을 새삼 강조하고 싶다.

뭄바이
아라비아해의
해변가에서
간곡히 소원을
빌고 있는 여인

    나는 자툴 린포체에게 이 조선땅이 동아시아문명에서 가지는 중요한 의미를 역설했다. 그리고 티벧의 독립은 인류의 당위라고 잘라 말했다. 우리가 상해에 임시정부를 세웠을 때도 많은 중국인들이 우리를 도와주었다. 티벧이 어려운 상황에 있을 때 우리가 그들을 돕는다는 것은 너무도 자연스러운 일이다. 중국은 이제 아편전쟁의 포화 앞에 무릎꿇고, 홍 시우취앤(洪秀全, 1813~64)의 태평천국에 시달리고, 일본군의 닛뽄도에 짤려 나가는 자국민 동포의 목줄기에서 솟구치는 핏발에 만터우(饅頭)를 찍어먹으려고 우르르 달려드는, 20세기 초의 문호 루 쉰(魯迅, 1881~1936)이 개탄했던 그런 모습의 중국이 아니다. 중국은 이제 세계열강의 전위를 달리는 자격있는 리더로서 실력과 도덕성을 구비해야할 그러한 세계사적 시점에 와있는 것이다. 티벹문제는 세계 리더로서의 중국이 자신의 도덕성의 확립을 위하여 해결하지 않으면 안되는 문제상황인 것이다.

나는 평생을, 중국문명의 전도사라고 한다면 정말 자격있는 전도사로서 살아왔다. 나는 중국문명이 자체로 함장하고 있는 문화적 가치의 보편성, 그리고 그 위대함에 대하여 항상 경외감을 가지고 살아왔다. 중국문명의 정신적 가치는 참으로 인류에게 고귀한 삶의 지혜를 끊임없이 던져주는 것이다. 나는 그러한 이상의 발현은 국가주의를 초월한 인간성의 발로라고 생각해왔다. 나는 『논어』를, 『노자』를, 그리고 수없는 중국의 고전을 오늘 우리 삶의 가치로서 해석하고 발양시켰다. 그런데 이러한 이상적 가치의 진실된 모습과는 상반되게, 중국문명이 인류에게 해악을 끼치는 끔찍한 일들을 자행하고 있다면 그것은 물론 명료하게 지적되어야 한다. 그리고 이러한 세계 지성인들의 광정의 요구는 반드시 관철되어야 하는 것이다. 물론 세계 지성인들은 우리 한국정부의 정치행태에 대해서도 동일한 잣대로써 그 도덕성을 요구할 것이다. 나는 보편적 윤리를 공감하는 중국 지성인들의 양심에 호소하고 싶은 것이다.

1949년 10월 1일 중화인민공화국의 설립은 서구열강과 야마토의 제국주의의 마수에 오랫동안 시달려왔던 중국이 팔로군의 장정을 거쳐 마오라는 위대한 지도자(the Great Helmsman)의 영도하에 주권을 회복했다는 세계사적 전환의 의미를 지닌다. 그런데 중국은 그러한 주체적 출발과 동시에 자기자신의 새로운 제국주의의 마수를 뻗치기 시작했다. 근대적 국가의 기본요건인 제·정의 정확한 분리가 이루어지지 않았고, 고원의 정적 속에서 국제적 정

길거리에서 땅콩을 팔고 있는 인도인. 인도의 음식은 화학조미료가 가미되어 있질 않아서 좋았다. 조미료를 안넣으려는 의식이 있다기 보다는 조금이라도 돈이 드는 그런 짓을 할 까닭이 없는 것이다. 우리나라 뻔데기 장수들의 봉투와도 같은 것이 꽂혀있는 모습이 정겨웁다.

세변화와 무관하게 살고 있었던 6백만의 티벹인들에게는 청천벽력과도 같은 시련이 닥치기 시삭했다. 1951년 5월 23일 자주적 외교권과 군사권을 박탈하고 단지 종교적 자유, 달라이라마의 지위, 기존의 형식적 정치기구만 존속시키겠다는 터무니없는 17개 조항의 협정(the Seventeen-Point Agreement)이 강제로 조인되었고, 1951년 10월 26일에는 중국의 인민해방군이 라사(Lhasa)에 진주하였다. 1959년 3월 31일, 티벹 조국의 땅을 떠나 망명지 인도의

땅을 밟기까지 10년에 걸쳐 나이 어린 소년군주 달라이라마가 겪었던 고초는, 병자수호조약, 갑오경장, 동학전쟁, 을사보호조약, 한일합방에 이르는 풍전등화 같은 불안의 세월 속을 헤매어야 했던 고종황제의 비극을 연상시킨다. 고종은 합방의 비운 속에 묻혀버렸고 드디어 일인 손에 독살되고 말았지만, 달라이라마는 인민해방군의 강점의 포화 속을 탈출하여 인류의 자유를 위한 투쟁의 상징으로서 아직도 건재하고 있는 것이다.

1949년이래 약 50여년간 티벹인민들은 줄기찬 항쟁을 계속해왔다. 중국의 인민해방군은 무자비한 탄압을 계속해왔다. 승려의 두

낙타를 타고 다니는
인도인들

눈을 후벼 성벽에서 던져버리고, 거룩한 사원·성지들을 인간의 도륙장으로 만들고, 개미도 살생해본 적이 없는 승려들에게 도끼를 쥐게 하여 동포의 목을 자르게 하고, 마차에 사람을 묶어 사지를 찢어 죽이고, 말꽁무니에 사람을 매달아 죽을 때까지 달리게 하고, 로프에 매달은 사람들 눈에 고추가루를 퍼붓고, 비구니의 항문과 질 속에 전기봉을 넣어 고문하고, 양심 구속수들이 간수들의 무술연습상대가 되어 죽어가는가 하면…… 차마 인간의 탈을 쓰고는 저지를 수 없는 만행이 예사스럽게 자행되어 온 것이다. 비무장의 시위군중들에 무차별 기관총난사, 연행, 구타, 고문, 재판없는 처형, 투옥, 자살로 목숨을 잃은 티벹인민의 숫자는 무려 130만 명을 넘는다.[53] 인천과 같은 도시의 전체 인구가 모조리 학살된 것이다. 항우(項羽)는 투항한 진나라의 병사 20만 명을 신안(新安)에 생매장시켰다. 지혜로운 장수 범증(范增)은 항우의 미래는 이러한 만행으로 이미 결판났다고 통곡했다. 지금 남경(南京)에 가보면, 남경대도살기념관(南京大屠殺記念館)이라는 것이 있다. 일본군이 남경을 점령하면서 중국인민 30만 명을 학살한 그 참담한 흔적과 유해가 잘 보존되어 있다. 1937년 12월 13일부터 38년 1월에 이르기까지, 13군데에서 하루에 1만 명씩 모두 30만 명을 도륙한 것이다. 이 비극적 장면들은 우 쯔니우(吳子牛)의 영화 『남경』(南京)에도 극적으로 묘사되어 있다. 일본 제국주의의 가공스러운 만행에 지금도 중국인들은 몸서리를 친다. 창살(槍殺), 활매(活埋), 감살(砍殺), 자살(刺殺), 분소(焚燒), 수익(水溺)! 그런데 중국의 인민해방군은 명상 속에 잠들고 있던 나라 티벹의 인민을 그보다 더 잔악하게 130만 명이나 도륙한 것이다. 과연 우리는 인류역사의 도덕성을 어디에 호소해야 할 것인가?

나는 인도를 떠나기 전날 뭄바이의 어둑어둑한 거리에서 다음과 같은 삐라를 보았다. 때마침 주 르웅지(朱鎔基) 총리가 인도를 방문하고 있었다.

The Issue is Independence*!*

More than a million killed*!*

More than 6,000 monasteries destroyed*!*

Thousands in Prison*!*

Hundreds still missing*!*

문제는 독립이다!

백만여명이 학살되었다!

육천여개의 사원이 파괴되었다!

수천명이 감옥에!

수백명이 아직도 실종중!

자툴 대사는 티벹민중의 고통의 소리를 들을 줄 아는 나의 양심에 대해 경의를 표했다. 그리고 나에게 달라이라마에게 보내는 친서를 직접 써달라고 했다. 나는 그날 밤으로 장문의 편지를 썼다. 우선 나는 나의 기나긴 학문의 여정을 소개했다. 그리고 고전학자로서 품고있는 세계관의 일단을 논하면서 내가 달라이라마를 만나야 하는 필연성을 역설했다. 그리고 한국불자들의 열정과 동아시아 정치역학구조에 있어서 한국이라는 나라가 지니는 미묘한 지렛대의 역할을 강조했다. 그리고 잠깐 동안의 의례적 만남이 아닌 진정한 토론의 장을 허락해줄 것을 간청했다. 나의 편지는 유려한 영어로 쓰여졌다고 자부하는데, 다음과 같은 말로 대미를 장식하고 있다.

That your Holiness be in good health, the Tibetan people free, and that the opportunity to spread your Holiness's compassionate teachings for a better future be granted, I pray in the name of the Lord Buddha's Compassion.

성하(聖下)의 건강을 비오며, 티벹인민의 자유를 갈망하오며, 더 나은 인류의 미래를 향한 성하의 자애로운 가르침이 저를 통하여 인류에게 펼쳐질 수 있기를, 부처님의 자비속에서 간절히 비옵나이다.

티벹의 십일년천수관음보살상, 높이 27cm, 화정박물관 소장. 티벹에서는 좋은 나무를 구하기 어려워 나무로 만든 불상이 드물다. 이것은 진흙을 틀에 찍어 구워낸 것이다. 손이 천개라는 것은 그만큼 구원의 일을 많이 한다는 뜻이다. 최근 미야자키 하야오의 영화 『센과 치히로의 행방불명』 속의 화부 할아버지 모습도 이런 모티프를 쓴 것이다.

내가 처음 본 인도

- 아라비아 바다 -

그 후로 약 한달 동안 서울과 동경 사이에 전화가 오갔는데, 정말 성하의 시간을 뽑아내기가 어렵다는 전갈만 다람살라의 각료들에게서 오고있다는 것이었다. 자툴 린포체는 정말 고마운 사람이었다. 그는 내 편지를 가지고 직접 성하를 알현키 위하여 다람살라로 갔다. 그리고 내가 인도로 떠나기 직전에 인도로부터 실낱같은 목소리를 전해주었다. 도저히 약속시간을 미리 정할 수는 없으나 성하께서 나를 만나고 싶어 하신다. 내가 1월 8일까지 보드가야에 도착해있으면 9일부터 15일 사이 어느 시간에 적당한 알현의 기회를 나에게 통보하겠다는 것이었다. 자툴대사의 감격스러운 목소리가 귓전에 쟁쟁하게 감도는, 2001년 12월 24일, 나는 뭄바이로 가는 대한항공기 KE655편에 몸을 실었다. 그리고 델리대학에서 인도미술사 박사과정을 하고 있는 제자 이군의 영접을

내가 처음 본 아라비아해. 인도대륙의 서쪽, 아프리카대륙과 연하여 있다. 뭄바이(Mumbai)는 인도의
경제중심이며 영화산업의 심장부이다. 인도의 가장 선진문명이 집결되어 있다. 고대힌두왕조로부터
이슬람정복왕조, 포르투갈, 영국식민통치의 긴 역사를 간직하고 있다. 17세기 후반 동인도회사(the
East India Company)의 중심이 되면서 봄베이(Bombay)라는 이름을 얻었다. 1996년 1월부터 뭄바이
(Mumbai)로 바뀌었는데 이 새 이름에는 식민지 환영을 벗어나려는 노력과 힌두원리주의자들의 국수
주의 냄새가 같이 배어있다.

받았다. 꿈에만 그리던 혜초의 오천축국의 땅을 밟은 것이다. 어릴 때 서울역에서 탔던 시발택시보다도 더 작고 더 볼품없는 택시에 몸을 싣고, 희미한 가로등, 뿌연 연기, 온갖 거리의 악취, 샤리의 알록달록 색깔이 어른거리는 거리 속을 쏜살같이 달려갔다. "여왕의 목걸이"(Queen's Necklace)라는 별명이 붙은 해변을 지나 호텔 하버뷰(Hotel Harbour View) 302호실에 여장을 풀었다. 정신없이 곯아 떨어졌다. 아침 세차게 눈꺼풀을 때리는 눈부신 햇살에 눈을 떴다. 커텐을 제꼈을 때 나는 항구에 정박한 배들 사이로 영롱하게 반사되는 아라비아해의 찬란한 모습을 처음 본 것이다. 저 멀리 킹 죠지5세와 퀸 매리(King George V and Queen Mary)의 도인(渡印)을 기념하여 세운 그 유명한 "인디아의 게이트웨이"(Gateway of India)가 우뚝 그 위용을 자랑하고 있었다. 나의 인도여행은 이렇게 시작되었던 것이다.

뭄바이항구에 서있는 인도의 문(Gateway of India)은 영국인들이 배를 타고 오면 제일 먼저 발을 내린 곳이다. 1911년 12월 2일 죠지5세와 퀸 메리의 방인을 기념하기 위하여 세워졌는데 1924년에 완성되었다. 구자라트 무슬림양식이 반영되어 있다. 24년 후에 간디의 독립운동으로 영국은 이 문을 통해 다시 인도를 떠나는 제식을 올려야만 했다.

달라이라마께서 내일(1월 9일) 오전 10시경에 보드가야에 도착하실 예정이라는 정보를 확인한 후, 우리 일행은 저녁을 수자타호텔에서 간단히 들고 어둑어둑한 밤공기를 헤치며 보드가야대탑 구경에 나섰다.

이스라엘에 가서 예수의 성지들을 순례해보면, 그 진실성에 깊은 의심이 간다. 왜냐하면 반드시 그곳이 바로 역사적 예수의 활동지라는 역사적 물증이 부재하기 때문이다. 그런데 우리에게 추상화되어 있는 붓다의 경우는, 오히려 그 역사적 물증이 확실하다는 사실에 놀라게 된다. 그 역사적 물증의 제공자가 바로 인도역사에서 가장 위대한 성군으로 추앙되며, 원시불교자료에서는 전륜성왕(轉輪聖王, cakra-vartin rājan)의 이상의 완벽한 구현자로서 기록되어 있는 아쇼카왕(Aśoka, 치세기간 c. 270~230 BC)이다.

인도의 문을 마주보고 있는 따즈 마할 호텔. 1903년 타타(JN Tata) 라는 사람이 지었는데, 타타는 뭄바이의 어느 유럽호텔에서 인도인 이라는 이유로 입장을 거절당한 쓰라린 추억의 보상으로 이 아름다운 호텔을 지었다고 한다.

싯달타부터 아쇼카까지

마가다왕국의 수도 파탈리푸트라(Pataliputra)의 간지스 강변에서 바라본 대 평원. 후에는 마우리야왕조의 수도로 번창했다. 아쇼카도 여기서 대관식을 올렸고 여기서 그의 제국을 통치했다.

전술한 바와 같이 붓다의 시대는 격변의 시대였다. 이 격변을 결정지운 가장 결정적 사건은 역시 철기의 보급이다. 웃따르 쁘라데쉬-비하르 주 지역은 강우량이 풍부한 대 평원이다. 이 지역은 본시 울창한 숲으로 덮여있었으며 철제로 만들어진 연장이 없이는 개간할 수가 없었다. 그런데 아리안족의 동진(東進)과 더불어 철기가 보급되면서 울창한 밀림은 비옥한 농토로 개간되기 시작한다. 간지스강 유역으로 거대한 농경지가 무제한으로 펼쳐지게 된 것이다. 이러한 농경문화의 하부구조를 바탕으로 도시국가들이 생겨났던 것이다. 상공업·무역의 발달, 화폐의 유통으로 인한 시장경제의 발달은 도시상인을 주류로 하는 바이샤계급의 급성장을 야기시켰고, 잦은 전쟁을 통한 강력한 왕권의 출현은 크샤트리야 계급의 세력을 신장시켰다. 이 두 계급은 서로 제휴하여 브라흐만

달라이라마와 도올의 만남(2)

313

계급의 제식주의 전통에서 벗어나 독자적인 문화를 형성하지 않으면 아니 되었다. 불교가 전통적인 카스트를 부정하고 브라흐마니즘의 제식주의를 거부하며, 연기에 의거한 이성적 사유와, 카르마에 대한 개인적 실존의 책임을 강조하는 것은 모두 새로 등장한 바이샤계급과 크샤트리야계급의 윤리의식과 상부하는 것이다. 초기불교승단의 재정적 후원이 대체로 바이샤(불전에 "장자"[長者]로 표현됨)들에 의하여 이루어진 것이며, 붓다의 전도를 안전하게 보호해준 사람들은 주로 크샤트리야(왕족)라는 사실이 이러한 역사적 정황을 잘 설명해주는 것이다.

도시국가의 성쇠에 따라, 역사의 대세는 혈연중심의 씨족공동체에서 지연중심의 부족국가로, 그리고 순수하게 영토중심의 대국가체제로 이행하지 않을 수 없었다. 붓다시대에 16개의 도시국가들이 존재했다고 하는데, 이들 국가들은 결국 코살라(Kosala), 밤사(Vaṃsa), 마가다(Magadha), 아반띠(Avanti)의 4대국으로 통합되었다. 그리고 결국에는 코살라를 정복한 마가다와 아반띠 두 나라의 대립상태로 유지되다가 최종적으로 마가다 통일왕조의 출현을 보게 되는 것이다.

마가다왕국이야말로 13세기 터키 이슬람의 침공으로 인도역사가 새로운 국면을 맞이하기까지 북부인도역사의 원형을 제공한 정치체제였다. 그것은 중국사에 있어서는 전국시대의 진(秦)나라와 비슷한 성격의 것으로 이해될 수도 있다.

마가다국은 왕권의 세습제(hereditary monarchy)를 시행하고 중앙집권적 행정체제를 정비했으며, 조세의 체계적 징수체제를 만들었고, 상비정규군을 창설했다. 비옥하고 경작이 용이한 광범한 토지의 풍요로운 자연산물과, 필요한 건축목재를 무궁하게 제공하는 삼

림을 확보했으며, 전쟁에는 대규모의 코끼리부대를 동원하였으며, 날카로운 무기와 농구를 만드는 양질의 철을 생산했다. 원시 불전에 나오는 왕사성(王舍城), 즉 라자그리하(Rajagriha)는 바로 마가다국의 수도였고, 붓다는 이곳에 최초의 사원인 죽림정사(竹林精舍, Veṇuvana-vihāra)를 빔비사라(頻婆娑羅, Bimbisāra)왕의 도움으로 건립하였던 것이다. 빔비사라왕의 아들 아자타샤트루(Ajātaśatru, 阿闍世)는 수도를 파탈리푸트라(Pataliputra, 현재의 파트나 부근)로 옮겼다.

간지스강 유역에 산재한 도시국가들로부터 통일왕국인 마가다국이 출현하는 과정이나, 전국의 칠웅(七雄)으로부터 천하통일의 위업을 달성한 진시황의 진제국이 출현하는 과정이나, 아테네·스파르타 등의 도시국가가 쇠퇴하면서 마케도니아의 알렉산더대제

가 대통일의 위업을 달성하는가 하면, 또 로마가 도시공화국 (Republican Rome)의 형태를 벗어나 대제국(Imperial Rome)의 형태로 이행하는 과정은 모두 동시대에 이루어지는 인류사의 한 축이다. 인류문명들이 직접적인 연관이 없는 상황에서도 동일한 패턴을 따라 자체적으로 이행하고 있다는 사실에 우리는 보편사 (Universal History)의 대세를 감지하지만, 결국 인간과 인간이 만

파탈리푸트라의 현재 지명은 파트나(Patna)이며, 비하르주의 수도이다. 여기에는 인도사람들이 세계에서 제일 긴 다리라고 자랑하는 마하트마 간디 다리(the Mahatma Gandhi Seti)가 간지스를 가로 지르고 있다. 10km라고 해서 내가 재어보니 7.5km 정도였다. 그런데 이 길은 파키스탄 국경 가까이 있는 암릿차 (Amritsar)에서 캘커타(Kolkata)에 이르는 대 동선으로서 보통 "GTR"(Grand Trunk Road)이라고 부른다. 무굴제국 초기에 잠깐 옹립되었던 수르왕조의 주인공 쉐르 샤(Sher Shah)가 만들기 시작하여 샤 자한 (Shah Jahan, 1592~1666)이 완성하였다. 오늘의 "GTR"은 동인도회사가 1838년에 공사를 마무리지은 것이다. 보수를 안해 여기저기 구멍이 파혀져 있고 트럭이 쓰러져 있다. 다리 통행세를 받는 것은 좋지만 시간이 너무 걸렸다.

들어 가는 사회의 내재적 보편성을 확인할 수밖에 없다.

마가다왕국의 쇠퇴는 알렉산더대제(Alexander the Great, 356~ 323 BC)의 인도정벌과 관련되고 있다. BC 323년 알렉산더대제가 바빌론에서 예기치 않은 객사를 당하게 되자, 그의 대제국은 순식 간에 혼란에 휩싸이면서 붕괴하고 말았다. 이 혼란해진 틈을 타서 마가다왕국의 젊고 패기있는 왕자인 찬드라굽타 마우리야 (Chandragupta Maurya, 치세 322~298 BC)가 편잡지방을 침입하여 알렉산더가 회군하면서 남겨둔 그리스 군대를 격파하였고 BC 322년 스스로 마가다왕국의 제왕이 되었다. 이 찬드라굽타의 마 가다왕국을 우리는 마우리야왕조라고 부르는데, 이 마우리야왕조 (Maurya Dynasty, c. 322~180 BC)야말로 인도 최초의 통일대제국 인 것이다. 찬드라굽타의 대제국은 북으로는 히말라야에서 남으 로는 마이소르까지 영토를 확장함으로써 인도를 하나의 통일국가 로 만들 수 있는 기틀을 마련했지만, 그의 세력은 주로 북인도지 역에 집중되어 있었다.

찬드라굽타의 아들, 빈두사라(Bindusara, 298~273 BC)는 부왕으 로부터 물려받은 영토를 더욱 확장하여 제국의 기초를 공고히 하 였다. 이 시기의 마우리야제국은 칼링가(Kalinga)왕국과 인도대륙 의 최남단인 타밀(Tamil)지역을 제외한 대부분의 인도지역을 지배 하게 되었다. 이 두 지역까지 완벽하게 장악하여 인도 최초의 통 일제국을 완성하는 작업은 빈두사라의 아들, 마우리야왕조의 셋째 대왕인 아쇼카의 몫이었다.

인도역사에서 우리나라의 세종대왕같이 위대한 성군으로 꼽히는 사람은 세 사람이 있다. 그 첫 인물이 마우리야의 아쇼카요, 둘째가 무굴제국의 아크바르대제이며, 그 셋째가 근대인도의 아버지 마하트마 간디이다. 이 세 사람이 모두 비폭력과, 사상과 종교에 대한 관용, 계급을 초월하는 자비, 그리고 철저한 자기부정의 화신이었다.

"전륜성왕"이라는 전통적 이미지는 바로 통일제국을 향한 역사의 변혁과정에서 민중에게 깔린 어떤 메시아니즘의 표출이다. 고타마가 태어날 당시 아시타라는 선인이 그가 성장하여 현실세계에 머물면 전세계를 다스리는 전륜성왕이 될 것이며, 그렇지 않고 출가하여 깨달음을 추구한다면 위대한 각자(붓다)가 되리라고 예언했다 하는 것도 이러한 메시아니즘적 기대를 반영하는 설화인 것이다.[54] 새 술은 새 푸대에! 크샤트리야나 바이샤, 그리고 수드라의 민중은 모두 브라흐마니즘의 제식주의에서 벗어난 새 술과 새 푸대를 갈망하고 있었던 것이다. 이러한 종교적인 붓다의 꿈을 싯달타가 구현시켰다고 한다면, 세속적인 전륜성왕, 『장자』가 말하는 "내성외왕"(內聖外王)의 꿈을 실현시킨 것은 바로 싯달타보다 두 세기 늦게 출현한 아쇼카였다.

아쇼카의 대각

인도최초의 전륜성왕인 아쇼카는 본시 잔인한 인물이었다. 웃자인(Ujjain)과 탁실라(Taxila, 옛 지명 Takṣaśila)지역에서 총독의 임무를 수행하고 있던 그는 부왕 빈두사라의 신병이 위중하다는 소식을 듣고, 수도 파탈리푸트라로 달려왔는데, 잔인하게도 99명의 형제들의 목아지를 피묻은 칼날에 휘날려야 했다. 그리고 늠름하게 대관식을 거행하였던 것이다. 왕이 된 후에도 그는 마우리야왕조의 통치를 거부하며 그 권위를 경멸하고 비양거리는 칼링가왕국의 무자비한 침략에 착수하였다. BC 261년의 일이었다(혹은 BC 258이라고도 한다). 칼링가왕국은 인도의 동쪽 벵갈만(Bay of Bengal)의 해안을 따라 있는 현재의 오리싸(Orissa)주의 크지 않은 나라였는데 지금 가봐도 느끼지만 좀 독특한 아이덴티티를 가지고 있는 나라였다. 칼링가왕국의 저항이 세면 셀수록 아쇼카의 잔

BC 3세기의 아쇼카 칙령
(Ashoka edict)이 쓰여진
돌. 기원전 3세기 아쇼카
대왕의 생생한 기록을
눈으로 보고 손으로 만
져볼 수 있다는 것이 정
말 감격스러웠다. 프린
스 어브 웨일즈 박물관

인한 본성은 더욱 들끓어 올랐고, 그의 분노는 더욱 치밀어 올랐
다. 지금까지의 수모를 한꺼번에 다 갚으려는 듯 닥치는 대로 살
육하였고 아쇼카의 군대가 지나간 자리에는 인혈이 거대한 강물
을 이루었다. 이 처절한 상황을 아쇼카는 그의 비문에서 십만 명
의 사람이 살해되고 십오만 명이 체포되었다고 쓰고 있는데, 십만
이라는 숫자는 많다는 의미의 통상적인 단어이며, 실제로 그 숫자

는 십만을 넘을지도 모른다. 전투를 승리로 이끈 아쇼카는 장쾌하게 희색을 만면에 띠우고 위대한 과업을 회고키 위해 적들의 시체가 널브러진 전장터를 유유히 걸어가기 시작했다. 얼마를 돌아다녔을까, 별안간 그의 가슴에는 알 수 없는 공포와 회한의 정념이 밀려들기 시작했다. 핏물이 강물을 이룬 사이로 팔다리 짤린 이, 창살에 가슴이 관통해 찡그리며 죽어간 이, 화살에 뚫린 목 사이로 펑펑 피를 쏟으며 신음하고 있는 이, 목과 사지, 몸통이 잘린 이들이 수없이 널브러져 있었다. 아쇼카는 번민 속에 두 손으로 머리를 감싼 채 몸을 수그렸다.

보라! 이 비참한 주검들은 과연 무엇을 위해 그들의 소중한 목숨을 바쳤는가? 정의? 진리? 법? 과연 이런 것들이 그들의 목숨을 내던지게 만들었는가? 군인들은 그들의 의무 때문에 이렇게 목숨을 버릴 수밖에 없었다고 치자! 그러나 분노한 나의 병사들의 눈먼 칼과 창 끝에 이유 없이 목숨을 잃어버린 뭇 백성들은 과연 전쟁이 무엇을 의미하는지 알기나 했겠는가? 그들의 눈에 비친 전쟁은 단지 위정자들의 자기 욕심을 채우기 위한 한 방편일 뿐이었으리! 정의와 법을 내세우는 모든 전쟁이 실제로는 소수 권력가들의 끝없는 욕망의 굴레일 뿐, 백성들은 오직 생존만이 목적이며 오직 그것을 위해 몸부림 칠 뿐이로다! 아~ 끝없는 인간의 무지여!

우리나라 통일신라
귀면기와. 국립경주박물관

불교사에서는 아쇼카를 싯달타의 수호자로서, 싯달타의 종교적 이상을 세속적으로 구현시킨 성왕으로서 그린다. 그러니까 붓다가 먼저고 최상이며, 붓다의 충실한 추종자, 불법의 구현자로서의 종속적인 이미지로서만 아쇼카를 그리고 있는 것이다. 그러나 이것은 매우 잘못된 이해방식이다. 내가 생각키엔 싯달타나 아쇼카나 모두 인도역사에 등장한 각자(覺者)들이다. 깨달음의 방식과 위대함의 영역이 다를 뿐, 그들은 동등한 깨달음에 도달한 인도의 청년들이었다. 싯달타라는 청년은 보리수 밑에서의 정좌 속에서 냉철한 사유로써 깨달음을 얻었고, 아쇼카라는 청년은 피비린내나는 인간욕망의 극한적 상황에서 몸서리치는 떨림의 체험으로써 깨달음을 얻었다. 양자는 모두 자신의 깨달음의 실천에 충실했다. 그러니까 결코 아쇼카는 싯달타의 추종자로서 이해될 수는 없다.

인도에서 흔히 볼 수 있는 문양의 하나로서 끼르띠무카(kirtimukha or kirttimurti)라고 한다. 사원 입구의 문 꼭대기에 있으면서 잡귀를 쫓는다. 우리나라 귀면기와 문양의 프로토타입을 보는 듯 하다. 지금 이것은 비석의 꼭대기에 있는 것이다. Prince of Wales Museum.

칼링가를 정복하면서 나는 결코 돌이킬 수 없는 양심의 가책을 느꼈다. 그들의 영토가 수많은 시체로 덮인 처참한 광경을 바라보면서 나의 가슴은 온통 찢어지고 말았다. …이유없이 죽거나 부상당해 고통받는 모습을 바라보던 나의 가슴에는 온통 후회와 슬픔밖에 남지 않았다. 이제부터는 비록 칼링가가 정복되면서 살해당하고 부상당했던 사람들의 백분의 일, 아니 천분의 일만이 비슷한 고통을 겪는다 할지라도 나의 가슴은 무거운 슬픔으로 짓눌릴 것이다. 앞으로 나는 오직 진리에 맞는 법만을 실천하고 가르칠 것이다. 신들에게 헌신하는 나는 진리의 법에 의한 승리만이 최상의 승리라고 생각한다.[55]

아쇼카는 "힘에 의한 지배"를 포기하고 "법에 의한 정치"를 표방했다. 여기 법이라는 것은 담마(팔리어, dhamma) 즉 다르마(산스크리트어, dharma)라는 것인데, 희랍어로 쓰여진 칸다하르(Kandahar)의 아쇼카 비문에는 유세베이아(eusebeia, εὐσέβεια)라는 말로 표현되고 있다. 이것은 신이나 부모에 대한 경건한 마음, 라틴어의 피에타스(pietas), 영어의 파이어티(piety)에 해당되는 말이며, 유가에서 말하는 "효"(孝)라는 의미까지 포함하고 있다. 이것은 모든 존재하는 생명에 대하여 경건한 마음을 지녀야 한다는 것을 의미하는 것으로, 사회적 책임이나, 관용, 비폭력의 의미를 포함한다. "담마의 정치"라는 아쇼카의 슬로건 때문에 불자들은 이것을 곧 "불법을 구현하는 정치"로 표현하지만, 아쇼카가 표방한 "담마의 정치"는 결코 특정적으로 불교적인 다르마를 의미하는 것은 아니다. 전륜성왕이라는 이상 자체가 불교를 초월하는 것이며, 불교에서 생겨난 개념이 아닌 것이다. 아쇼카의 담마는 불

비슈누의 영원한 잠 (Vishnu on Sesha). 7세기. 웨일즈 박물관. 불교의 도전으로 힌두교가 조직화되어 가면서 다채로운 베다의 신들도 브라흐만, 비슈누, 시바의 삼신(the Hindu Triad)체제로 정비된다. 브라흐만은 우주의 창조를, 비슈누는 유지를, 시바는 파괴를 담당한다. 비슈누는 우주의 현재를 유지하기 때문에 걱정없이 편안히 잠을 잔다. 우주를 스스로에게 맡기는 것이다. 그의 손은 4개며 칭칭 휘감은 뱀(Sesha)을 침대삼아 물위에 떠서 잠을 잔다. 공포의 대상이라기 보다는 헌신과 평화의 상징이다. 부인 락슈미(Lakshmi)도 행운의 여신.

타의 시대로부터 출발한 어떤 새로운 차이트 가이스트, 즉 근본적 사회변동이 가져온 새로운 시대정신의 정치적 표현인 것이다. 붓다의 담마나 아쇼카의 담마나 모두 이 같은 차이트 가이스트의 다른 표현이다. 아쇼카는 담마를 구현하는 특별한 관료(dhamma-mahāmatta)제도를 따로 신설했으며 이들을 황제의 직할로서 지방

관들의 우위에 두었다. 이들은 다양한 계층의 다양한 신념과 다양한 관념들을 포용적으로 수용하였으며 카스트와 무관하게 자비를 베풀었다. 여기서 말하는 자비란 요즈음 말로는 사회복지(social welfare)를 의미하는 것이다. 아쇼카는 동물의 희생을 금지했으며 채식주의를 장려했으며, 불필요한 제식이나 브라흐만계급의 우월

시바의 결혼식(Uma-mahesvara). 7세기. 웨일즈 박물관. 인도인에게 가장 인기가 높은 신은 시바다. 후대로 내려오면 시바는 결국 브라흐만과 비슈누를 누르고 최고의 신으로 격상된다. 이 부조는 시바와 그의 부인 파르바티 모습을 그리고 있다. 시바는 항상 바람을 피우며 부인에게 무관심하다. 파르바티는 뾰루퉁 항상 앙탈을 부린다. 이 둘의 관계는 모든 남녀관계의 한 아키타입을 나타내고 있다. 시바의 한손에 잘록한 허리가 휘감긴 파르바티의 애교넘치는 요염한 자세는 가관이다. 시바 옆에는 그가 항상 타고 다니는 황소 난디가 무덤덤하게 지켜보고 있다.

의식을 거부했다. 오늘날 인도에서 소가 숭배되고 식용으로 도살되지 않는 이유는 당대 인도의 비옥한 농토의 개발을 위하여 소가 무한정으로 필요했기 때문이었다. 소의 번식은 당대의 당위였다. 따라서 그가 제시하는 이러한 평화로운 가치관에 부합되는 모든 종교를 평등하게 대했을 뿐이며, 불교는 이러한 계기를 통해 크게

델리의 번잡한 시내를 으젓하게 휘젖고 다니는 황소. 차들이 비켜다녀야 한다. 황소의 숭배는 시바의 시종 난디에 대한 신적 숭배와도 결부되어 있다.

세력을 신장했을 뿐이다. 아쇼카 자신이 불법의 수호자라는 것을 공언하긴 했지만, 그의 담마는 반드시 불법을 의미하는 것은 아니었다. 불교에 대한 특칭적인 언급이 그의 칙령 속에는 포함되어 있지 않다. 그리고 그의 담마는 불교와는 달리 가족주의적 성격을 매우 강하게 띠고 있다. 부모에 대한 복종, 형제 간의 우애, 노예와 하인에 대한 자비로운 대우, 그리고 가축과 새들에 이르기까지 사랑과 자비를 베풀 것을 촉구했다. 그는 유가사상처럼 가족 간의 사랑이 근간이 되어 사회전체가 행복하게 되리라고 생각했으며 이러한 자비행의 목적이 해탈이나 열반을 위한 것이라고 생각치는 않았다. 그는 어디까지나 세속적인 군주였다. 아쇼카는 그의 담마 사상에 불교가 가장 포괄적인 위대한 정신체계를 제공한다고 생각했다. 따라서 자연히 그의 시대에 불교가 타종교들보다 우대를 받는 국교(the state religion)의 모습을 띠게 되는 양상은 도처의 기록에서 발견된다. 아쇼카는 불교를 미얀마(Burma)와 스리랑카(Sri Lanka)에 전파하여 남방불교의 전통을 수립했다. 그리고 많은 포교사들을 중앙아시아, 페르시아, 이집트, 그리고 헬레니즘 세계의 여러 왕들에 보냈다. 그리고 그는 왕도인 파탈리푸트라에서 불전의 제3차결집이 이루어지도록 후원을 아끼지 않았다. 제3차결집 때 비로소 아비달마 논서들이 생겨났고, 이로써 팔리어장경의 삼장(三藏, Tipiṭaka)체제가 갖추어지게 된 것으로 추정되고 있다. 불교는 이제 힌두이즘의 한 섹트로서의 인상에서 완전히 벗어나 세계종교(a world religion)로서의 캐리어를 시작할 수 있게 된 것이다.

바라나시의 번잡한 시장 한복판에 드러누워 잠자는 황소들. 그 황소들을 보초서는 개도 늘어지게 자고 있다. 개들은 소들을 잘 따러다닌다. 뒤따라 다니면서 국물을 좀 챙길 수 있기 때문이다.

카주라호 비슈바나트(Vishvanath)사원을 바라보고 있는 황소 난디상. 비슈바나트사원은 찬델라왕조의 가장 위대한 왕이었던 단가(Dhanga)가 1002년에 완성했다고 전하여지며, 이 비슈바나트사원의 5단구조 설계는 조금 후에 지어진 칸다리야 마하데바(1025~1050)사원의 조형에 해당된다. 단가는 노예왕조가 성립하기 직전의 이슬람 약탈자 가즈니의 마흐무드(Mahmud of Ghazni)와 동시대 사람이었다. 시바의 상징이 성적 에너지, 링감(Lingam)이라면 시바가 타고 다니는 황소 또한 농경문화의 생산성(fertility)을 상징한다. 난디는 항상 시바의 성기, 링감을 응시하는 포오즈를 취하고 있다. 난디는 원래 시바의 변신이었는데 쿠샨왕조 때부터 시바의 탈것으로 변모하였다고 한다. 이 난디상은 통돌조각이며, 천정은 원형 피라밋드식의 적석이며 12개의 기둥이 받치고 있다. 이 황소의 모습은 매우 충직스럽고 주인 시바를 기다리는 간절함이 잘 표현되어 있다. 오래되지 않은 사진을 살펴보면 그 다리 꿇은 모습이 매우 역동적으로 표현된 걸작이었는데 웬 이유에서인지 그 부분이 최근 잘려나가고 없다. 인도의 유적들은 방치된 속에서 계속 파괴되어 가고 있는 것이다. 비슈바나트의 여신상들은 특별히 매혹적이다.

비슈누에게 바쳐진 락
슈마나(Lakshmana)사
원을 바라보고 있는
이 멧돼지상은 바로
비슈누의 화신, 바라
하(Varaha)이다. 비슈
누가 멧돼지로 변신하
여 악마에게 저 어두
운 심해 속으로 끌려
들어간 땅을 다시 물
위로 끌어 올렸다는
"땅의 구원"의 신화와
관련되어 있다. 674개
의 정세한 신과 여신
상으로 휘덮여 있으며
그 다리 사이로 뱀이
꿈틀거리고 있다. 전
체가 하나의 통돌조각
인데, 그 저돌적 자세
의 정교한 표현은 추
종을 불허하는 걸작이
다.

아쇼카와 진시황

아쇼카가 지배한 인도는 현실적으로 당대의 세계에 있어서 가장 강성한 군주국가였다. 그리고 인도역사에 있어서 최초이자 최후의 완벽한 통일제국을 건설하였다. 그의 담마의 정치는 현실적인 힘을 바탕으로 하고 있었을 것이다. 그러나 그는 담마의 이상을 통해 다양한 인도대륙의 이질적 요소들을 하나로 결집시키는 새로운 정신적 아이덴티티를 추구하였다. 그리고 그의 그러한 진보적 생각은 브라흐만 사제계급으로부터 완전한 정치적 독립을 이루려는 계산도 있었을 것이다. 그는 단순히 인도대륙의 지배자일 뿐 아니라, 전 인류를 포용하는 정신적 담마제국의 수장으로서 자신을 인식했다. 아쇼카에 대하여 엇갈리는 기술도 적지 않지만 그가 참다운 사랑과 자비에 헌신한 성군임에는 틀림이 없다.

아쇼카는 중국의 진시황에 비유될 수 있다. 둘 다 인도와 중국이라는 대륙에 통일적 아이덴티티를 최초로 형성시킨 제국의 수장들이었으며, 공교롭게도, 한 세대 정도의 시간차이는 있으나, 동시대의 인물들이다. 그러나 이 두 사람은 너무도 다르다. 이 양자를 가름짓는 결정적 사건은 만리장성의 유무다. 아쇼카는 만리장성을 세우지 않았고 추상적 담마의 가치만을 전파했다. 진시황은 레알 폴리티크(*Realpolitik*)의 상징이라면, 아쇼카는 이데알 폴리티크(*Idealpolitik*)의 상징이다. 진시황은 만리장성이라는 물리적 사실을 통해 중국이라는 한민족의 하나됨을 후세에 물려주었다. 가장 결정적인 사실은 도량형의 통일과 문자의 통일이었다. 즉 중국문명에 불변하는 어법의 확실한 우선체계를 확립시켰던 것이다. 그러나 아쇼카는 진시황이 수립한 그러한 구체적 통일성을 수립하는 데 실패했다. 아쇼카의 추상적 담마는 인도문명을 또 다시 공백상태로 방치시켰다. 그의 사후 50년이 지나자 마우리야왕조는 거품처럼 사라졌다. 마우리야를 대체한 숭가왕조(The Śuṅga dynasty)의 창시자, 푸샤미트라(Puṣyamitra)는 정통 브라흐만이었다.

만리장성
빠따링(八達嶺)에서

히란냐바티강의 사라나무

- 붓다의 육신과 진리 -

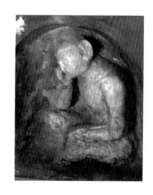

호곡하는 아난다
쿠시나가르 열반상
하단 조각

    남전 『대반열반경』 제5송품(第五誦品)에 보면, 붓다는 히란냐바티강(熙連禪河) 맞은편 언덕 쿠시나가르 외곽의 사라나무숲으로 가서 침상을 준비하고 죽음의 채비를 차린다. 이때 한쌍의 사라(沙羅)나무가 아직 꽃필 때가 아닌데도 갑작스럽게 온통 꽃을 피워 여래의 전신 위로 하늘하늘 흩날리며 내려와 여래를 공양하는 슬프고도 아름다운 장면이 그려지고 있다.

    이때 아난다가 슬픈 눈빛으로 숨을 거두려하는 붓다를 쳐다본다. 그때 붓다는 다음과 같이 훈시한다.

"아난다여! 절대 하늘에서 꽃잎이 떨어지는 이런 일만이 여래를 경애하는 일은 아니다. 아난다여! 비구와 비구니, 우바색과 우바이 이들은 반드시 진리를 몸에 지니고 진리에 따라 진리에 바르게 이르고, 진리에 따라 행동할 때만이 여래를 깊게 경애하는 것이 되느니라!"

붓다의 이 유명한 설법은 제자들에게 인간 싯달타라고 하는 육신의 유무에 매달릴 것이 아니라 그가 설법한 진리에 따라 행동하며 또 그 진리를 구현하는 길만이 싯달타를 사랑하고 공경하는 일임을 역설한 것이다. 스러져가는 자신의 육신에 집착치 말라는 하나의 위로의 말이었다.

그러나 아난다는 세존께서 어이하여 이리도 급히 열반에 드시나이까, 원만한 분께서 무슨 까닭에 이리도 빨리 모습을 감추려하시나이까, 하고 비탄해 한다. 그러면서 세존께서 입멸하시면 배울 스승이 없어지고 또 받들어 모실 수 있는 어떤 구체적인 기준이 없어지기에 너무도 허무해진다고 말한다. 그러한 것이 너무도 서글프게 느껴진다고 말한다. 이에 붓다는 아난다에게 다음과 같이 타이른다.

나는 히란냐바티 강 가에서 죽음의 침상을 마련하는 싯달타의 모습에 깊은 감명을 받았다. 여기 히란냐바티 강을 건너는 두 어린남매의 머리 위로 사라나무의 꽃잎이 흩날리고 있는 듯하다. 내가 카메라를 대니까 공포스러운 듯 도망가고 있었다. 아가야! 나는 너희를 아난이 싯달타를 사랑하듯이 사랑스럽게 쳐다보고 있단다! 다음 페이지에 히란냐바티 강의 전경이 펼쳐진다.

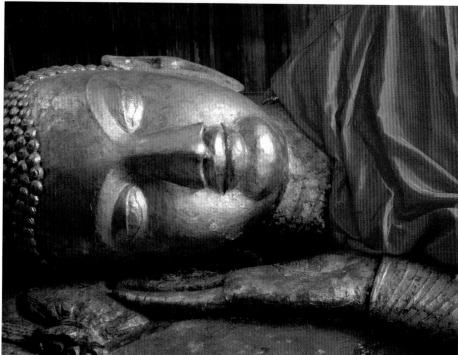

달라이라마와 도올의 만남(2)

히란냐바티 강에서 싯달타의 육신은 이렇게 스러져 갔다. 바로 싯달타의 육신이 스러진 그 자리에 서있는 대반열반사(Mahaparinirvana Temple)! 그 속에 안치되어 있는 이 열반상은 참으로 평온하게 영원한 잠자리에 드는 한 인간의 모습을 리얼하게 표현한 걸작품이었다. "만들어진 것은 모두 흐트러지게 마련이다. 오직 게으름 없이 살았기에 나는 여기에 이르렀다. 열심히 정진해다오." 이것이 그의 최후의 말이었다.

아난다여! 그다지 슬퍼할 것 없느니라. 나의 사후에도 신앙심이 두터운 양가의 자제들은 다음과 같이 여래를 기념할 만한 네 곳을 보면서, 여래를 생각하고 세상을 무상하게 여기면서 종교심을 일으킬 수 있을 것이니라. 그것은 어떤 장소이겠는가?

아난다여! 여래의 탄생지에서…… 여래께서 정각을 얻은 땅에서…… 여래의 최초의 설법지에서…… 그리고 여래의 입멸지에서…… 신앙심이 돈독한 양가의 아들들은 이곳을 보면서 여래를 생각하고 세상을 무상하게 여기면서 깊은 종교심을 일으킬 수 있을 것이다.

아난다여! 이미 불제자가 된 비구·비구니·우바색·우바이들도 또한 "이곳에서 여래께서 태어나셨다," "이곳에서 여래께서 위없이 바른 깨달음을 얻어 부처가 되셨다," "이곳에서 여래께서 위없는 가르침의 바퀴를 굴리셨다," "이곳에서 여래는 남김없는 완전한 열반의 세계에 드셨다" 등등으로 말하면서 이들 지방을 찾아올 것이니라.[56]

뒤에서 다시 말할 기회가 있을지 모르겠지만, 소승과 대승을 미술사적으로 나누는 가장 큰 기준이 되는 것은 등신불(等身佛)의 존재유무이다. 여기서 등신불이라는 것은 붓다를 인간의 형상으로서 시각화하는 것을 말한다. 소승불교에는 이러한 등신불의 시각성(anthropomorphic visualization)이 존재하지 않는다. 즉 아이콘적인 구체형상이 없다. 즉 사람의 형상으로서 붓다를 기념하지 않는다는 것이다. 붓다를 사람의 형상으로서 시각화할 때 그것은 불교의 무아론(無我論)의 근본취지에 어긋날 뿐 아니라, 붓다를 하나의 실체로서 신격화하고 우상숭배의 대상으로 전락시킬 위험성이 크다. 그러기 때문에 붓다는 그의 제자들이 진리만에 의거하여 살 것이며, 자기라는 인간의 형상에는 집착치 말 것을 당부한 것이다. 따라서 원시불교에는 일체의 등신불의 형상이 허용되질 않았다. 불상이라고 하는 것은 AD 1세기말경부터, 대승운동이 태동되면서부터 생겨나게 된 것이며 불교운동사에 있어서 그것은 매우 이질적인 것이었다.

붓다의 열반을 그토록 슬퍼했던 아난다의 무덤. 이렇게 생긴 것이 스투파다. 그는 싯달타와 같은 고향의 사람이었다. 쿠시나가르 부처님 무덤 곁에 묻혀있다. 25년 동안 붓다를 가까이서 모셨던 그는 죽어서도 그를 시봉하고 있는 것이다. 왕사성 제1결집 때 아난다의 암송이 부처님 말씀의 전승에 결정적 역할을 하였다.

4성지의 탄생

    상기의 『대반열반경』의 붓다와 아난다 사이의 대화는 바로 이러한 원시불교의 성격을 정확하게 규정하여 주는 경전의 근거인 것이다. 붓다는 자기의 신체적 죽음을 감지하며 이와 같이 말했다: "모든 것은 덧없는 것이다. 변해가는 것을 어찌 머물도록 하겠는가?" 그러면서 제자들에게 오직 진리에만 의존하여 진리에 도달하고 진리에 따라 행동하는 삶을 살도록 당부했던 것이다. 이때 진리란 법(法)이며 앞서 말한 담마(다르마)라는 것이다. 중국사람들이 말하는 따오(Tao), 즉 도(道)와 같은 것이다. 그런데 이 담마라 하는 것은 너무 추상적이다. 구체적으로 손에 잡히는 물증이 없다. 담마의 구현체로서 붓다라는 실존인물이 항상 곁에 있을 때는 좋았다. 그런데 이런 구현체가 갑자기 사라지면 과연 우리는 그 추상적인 담마를 실천하고 살 수 있을까? 제자들은 붓다의 죽음을 앞두고 갑자기 허망하고 허무해졌다. 스승이시여! 우리에게 무엇인가 당신을 기념할 수 있는, 당신의 존재를 상기해낼 수 있는, 그래서 당신이 가르치신 담마를 기억해낼 수 있는 방법을 가르쳐 주소서! 이때, 붓다는 자기를 느낄 수 있는 네 개의 장소를 제시한 것이다. 이것은 참으로 상식적이고 인간적인 해결방식이다. 내가 태어났고, 내가 정각을 얻었고, 내가 최초로 설법했고, 내가 열반에 든 이 네 군데를 와서 보면 나라는 사람과 내가 남긴 진리, 내가 평생을 추구했던 담마의 역정을 피부로 느낄 수 있지 않겠느냐? 걱정하지 말지어다! 불교의 4성지는 이와 같이 해서 탄생된 것이다. 그것은 원시불교시대로부터 이미 경전의 근거를 가지고 그 의미가 부여된 것이었다. 탄생지는 룸비니(Lumbini)고, 대각지는 보드가야(Bodhgaya)고, 초전설법지는 사르나트(Sarnath)며, 입멸지는 쿠시나가르(Kushinagar)다. 따라서 이 4성지는 불타의 입멸직후부터 이미 승단에서 정확한 의식을 가지고 기념하기 시작했던 것이다.

붓다의 인간적 형상을 만드는 것이 허용될 수 없다면 무엇으로 기념하는가? 이러한 질문이 제기하는 문제는 우리나라 불자들의 상식에 깔려있는 왜곡된 이해방식과 관련된 중대한 문제이기 때문에 상술하겠다.

탄생지 룸비니와 그곳에 우뚝 선 아쇼카 석주

대각지 보드가야

초전법륜지
사르나트 녹야원의
스투파유적과
그 주변을
맴도는 사슴들

임팔지 쿠시나가르의 부처님 무덤(Ramabhar Stupa). 이곳이 바로 부처님의 시신을 화장한 곳이다. 우리나라 신라왕릉같이 생겼는데 벽돌을 쌓아올린 것이다. 벽돌을 쌓아올린 것이다.

빈과 장, 화장과 매장

  우리나라 사람들은 우리나라 고래의 전통적 습관에 화장
(cremation)이라는 것이 없고, 매장(interment)만 있다고 생각하며,
화장은 불교를 통해서 들어온 매우 독특한 인도의 풍습이라고 생
각하기 쉽다. 그리고 우리나라 사람들의 관념 속에 화장은 시신이
아무 것도 남지 않고 타버려 한줌의 재가 되는 것이요, 또 봉분이
라든가 무덤이 전혀 없는 것이라고 생각하기 쉽다. 화장과 매장의
가장 큰 차이는 무덤의 유·무로써 판가름나는 것이다. 그러나 이
것은 20세기 화장습관(modern cremations)에서 온 인상을 가지고
말하는 것이다. 고대의 장례습속(funeral rites)으로서 화장과 매장
은 일견 구분되는 것이면서도 오늘날 우리가 생각하는 방식의 구
분은 있을 수 없다. 인류문명의 모든 장례는 분리의 제식(Rites of
Separation)과 융합의 제식(Rites of Integration)이라는 이중장례(the

Double Funeral)를 그 심층구조로 하고 있다. 분리의 제식이라는 것은 죽은 사람의 시신을 다시 죽이는 제식이다. 다시 말해서 사자가 이 세계에 남긴 찌꺼기를 무화(無化)시키는 과정인 것이다. 이 무화의 과정은 자연상태에서는 결국 부식(decomposition)을 통한 무기질화 과정(mineralization)일 수밖에 없다. 이 과정 동안에는 사자의 가족은 사자가 속했던 삶의 공간으로부터 분리되거나 구분되며 따라서 고독한 애도·복상의 시간을 가져야 한다. 이 분리의 제식은 문화의 양태와 신분의 차이에 따라 몇 일, 수 주, 몇 달, 몇 년이 걸릴 수도 있다. 이 분리의 제식이 끝나면 이제 융합의 제식이 이루어진다. 융합의 제식 때 성대한 마지막 장례가 치루어지고, 사자의 가족은 고독한 애도와 복상의 시간을 완료하고 다시

나는 쿠시나가르 싯달타의 무덤을 돌면서 자신의 열반을 감지하는 듯 묵상에 잠겨있는 스리랑카의 한 노스님의 모습에 깊은 감명을 받았다. 나와 말을 통하지 않았지만 스님은 나에게 무언가 깊은 존경과 사랑의 표시를 해주었다. 뒤에 보이는 것이 적전(積塼)의 봉분.

그들이 속한 삶의 공간으로 융합되는 것이다. 우리나라 "초분"의 경우에 쉽게 알 수 있듯이, 먼저 시신을 가랑잎이나 지푸라기로 덮어 썩히는 시간이 있게 되는데 이것이 곧 분리의 제식에 해당되는 것이다. 우리가 소위 빈례(殯禮)라고 하는 것이 이것이다. 빈소를 차린다는 것의 의미는 바로 이러한 분리의 제식에 들어가는 것을 가리키는 것이다. 그리고 시체가 다 썩고 나면 뼉다귀를 추려서 모든 동네사람들이 모여 비로소 성대한 예식을 치루는데, 이것이 장례(葬禮)인 것이다. 물론 이때 다시 이 뼉다귀를 가지고 봉분을 만든다. 이로서 사자의 새로운 운명이 결정되고, 그의 산 사람들의 컴뮤니티 속에서의 위상이 정리되고, 사자의 가족들은 다시 정상적인 삶으로 융합되게 되는 것이다. 빈(殯)과 장(葬), 이것은 고대의 모든 죽음의 예식의 기본 스트럭쳐였으며 이중장례구조였다.

고대로부터 이 화장이라고 하는 풍습은 인도에 국한된 것이 아니다. 기원전 1천여 년경부터 희랍인들은 정교한 화장의 예식을 개발시켰다. 『일리아드』에 보면 아킬레스에게 죽은 아들 헥터의 시신을 성대하게 화장하기위해, 황금을 가득 실은 마차를 몰고와서 아킬레스에게 시신을 돌려달라고 간청하는 트로이의 왕 프리아모스의 이야기 등, 화장과 관련된 갖가지 이야기들이 무수히 발견된다. 이 지상의 최대의 영웅 헤라클레스도, 켄타우로스의 속임수에 남편을 곤경에 빠트린 부인 데이아네이라가 자결하자, 헤라의 간계에 12가지 고난을 견디어냈어야만 했던 험준한 생애를 화장의 장작더미 위에서 스스로 마감해 버린다.

　화장이라는 습관은 스칸디나비아의 바이킹의 세계로부터, 로마, 희랍, 인도, 라오스, 발리섬에 이르기까지 다양한 형태로 발견되는 매우 보편적인 죽음의 예식이었다. 그런데 화장이라는 제식을 잘 살펴보면 그것은 기실 매장과 별반 차이가 없다. 그것 역시

대반열반사 주변의 휴지를 줍고 있을 때였다. 한 스리랑카의 스님이 나에게 말없이 다가왔다. 그러더니 자기가 입고 있던 법복을 벗어주는 것이었다. 나는 말없이 그것을 받았다. 참으로 이상한 인연이었다. 지금 이 법복은 나의 무정재 장농 속에 고이 간직되어 있다. 그때 이름과 주소라도 물어보았을 것을…

분리의 제식과 융합의 제식의 이중장례라는 기본스트럭쳐에서 벗어나지 않는다. 단지 화장은 매장보다 분리의 제식과 융합의 제식의 시간적 간격을 좁혔을 뿐이다. 부식과 소각은 시신의 미네랄화 과정이라는 면에서 별반 차이가 없다. 부식은 흙 속에서 박테리아의 분해작용에 의존하기 때문에 시각을 돌이켜 생각하면 매우 불결할 뿐아니라 비천한 존재들에게 멕힌다고 하는 부정의 의미마저 부여된다. 이 세계의 토속문화로서 광범하게 존재하는 카니발리즘(cannibalism, 죽은 사람의 시신을 먹는 장례제식)의 경우도 사랑하는 사람을 흙 속에 썩게 놓아둔다는 것은 차마 있을 수 없는 일이므로, 그 부식의 과정, 분리의 제식과정을 소중한 사람의 위장 관속에서 일어나게 하는 것이다. 소장·대장을 통과하는 과정에서 곧 미네랄화되어 버리는 것이다. 하여튼 시신을 땅에 묻든, 사람뱃속에 묻든, 불속에 묻든 모두 동일한 제식의 다른 양태일 뿐이다.

그리고 요즈음의 간편해진 기름·전기 보일라화장 때문에, 화장은 매장보다 간편하며, 돈이 적게들고, 자취를 남기지 않는 것으로 생각하기 쉬운데 옛날에는 화장이야말로 매장보다 훨씬 더 돈이 많이 들고, 훨씬 더 복잡하며, 고귀한 특권의 사람들에게만 허용되었던 공적인 특수제식이었다. 화장을 하던 시대에도 대부분의 서민들은 매장을 했던 것이다. 서구에서 화장이 자취를 감춘 것은 순전히 기독교의 영향이다. 기독교가 서구사회를 지배하면서 재림의 미신사상이 휩쓸게 되었고, 최후의 심판의 날 무덤에서 다시 일어나기 위해서 시체를 땅속에 그대로 묻어둔다는 터무니 없는 종말론적 믿음때문에 화장의 습속이 사라지게 되었던 것이다.

헤라클레스의 신화에서 볼 수 있듯이, 화장의 습속은 "불"이라고 하는 어떤 신적인 의미와 관련되어 있다. 불은 정화의 의미가 있으며 해방의 의미가 있다. 시신을 불태움으로써 불과 함께 그의 영혼이 하늘로 올라가도록 도움고 그렇게 함으로써 이 현세의 사람들에게 해를 끼치지 않게 된다는 것이다. 헤라클레스도, 화장의 장작더미가 불타오르면서 소진되는 것은 인간 어머니 알크메네에서 받은 육신이었다. 아버지 제우스에게 받은 영원한 신성은 조금도 손상을 받지 않은 채 새 생명으로 불길을 벗어나온다. 제우스는 그를 구름으로 감싼 다음 네마리 말이 끄는 마차로 저하늘로 데려간다. 이러한 연유로 발리의 습속에 의하면, 화장의 최선의 결과는 시신이 남김없이 불에 타야 하는 것이다. 시신이 완벽하게 불에 탈수록 사자의 불결성(impurity)이 제거되는 것이다. 시신이 완벽하게 타지 않으면 사자의 영혼은 육신으로부터 완벽하게 분리되지 않으며 환생의 길이 막혀버리게 되는 것이다.

파트나시내 한복판 거대한 보리수나무 밑에 있는 두르가 (Durga)여신 서낭당. 두르가도 시바의 부인이다. 브라흐만·비슈누·시바의 입에서 내뿜는 화염 속에서 태어난 두르가는 손이 열개나 되며 호랑이나 사자를 타고 있다. 자태는 청순한 소녀의 모습이지만 모든 악마를 제압할 수 있는 무적의 사나운 힘을 가지고 있다. 따라서 잡귀를 쫓는데는 제일로 여겨져 민중의 사랑을 받는다. 구·시월에 큰 두르가 축제가 열린다.

사리의 환상
- 사리 8분 종족 -

    우리나라 불자들간에 성행하는 묘한 습속이 하나 있는데, 다비식에서 사리를 건진다는 것이다. 그리고 사리가 많이 나올수록 그 스님의 도력이 컸다는 증표라는 것이다. 사리가 많을수록 죽어서도 고승대접을 받는 것이다. 이것은 전세계적으로 우리나라에서만 발견되는 정말 부끄러운 요습(妖習)이다. 다비의 본래적 의미는 시체를 완벽하게 무화(無化)시키는 데 있다. 이것은 근원적으로 "사리"에 대한 개념적 오해에서 비롯된 것이지만, 한국사람들이 말하는 사리라는 것은 뼈다귀까지 완벽하게 소진시키고 난 다음에 남은 어떤 미네랄의 결정체를 말하는 것인데, 사람의 몸이란 이러한 결정이 많으면 많을수록 잘못된 것이다. 그것은 고승의 증표가 아니라, 살아서 병약했거나 울결이 심했거나 비평형의 치우친 상태가 심했다는 것을 나타내주는 것이다. 대개 고승이라고 하는 자들이 용맹정진한다면서, 동일한 자세를 오래 취하고 불건강한 생활을 하는 사람이 많아 결석이 심해지면 그런 것들이 모두 사리가 되는 것이다. 그런데 불경에서 말하는 "사리"는 이러한 고열에서 생겨난 광물성의 결정체를 말하는 것이 아니다. 나는 다비장의 잿더미서 사리라는 것을 찾기위해 뒤척이는 것을 보면, 소백정이 우황청심환의 재료가 되는 우황을 찾고 있는 모습이 연상된다. 우황이나 인황이나 사리나 다 똑같은 것이다. 모두 발리의 습속이나 헤라클레스의 화장의 예처럼, 환생이나 열반에 방해가 되는 육신의 찌꺼기일 뿐이다. 고승일수록 이 사바에 자취를 남기지 말고 스러져야 하는 것이다. 그렇다면 사리란 무엇인가?

사리(舍利)란 산스크리트어의 "샤리라"(śarīra, 設利羅)를 단순히 음사(音寫)한 것이며, 그것은 일반적으로 골조(骨組), 구성요소(스트럭처), 신체를 의미하는 말이다. 그것이 복수형으로 "샤리라니"(śarīrāṇi)가 되면 유골(遺骨), 특히 성자나 각자의 유골을 의미한다. 사리는 광물결정체가 아닌 평범한 사람의 뼉다귀를 말하는 것이다. 이것은 무엇을 의미하는가? 여기에 독자들은 앞서 내가 말한 바, 화장이나 매장이나, 분리와 융합의 이중장례구조에는 하등의 변화가 없다고 한 것을 되새겨야 한다. 옛날의 화장은 매장과 마찬가지로 무덤도 있었고 봉분도 있었던 것이다. 화장의 습속은 『일리아드』가 잘 기술하고 있듯이 원래 고대 사회의 전쟁터에서 생겨난 것이다. 전장에서 용감히 싸우다 죽은 장수를 위하여 그 자리에서 화장의 영예로운 제식을 거행하는 것이다. 그리고 살

과 근육이 타는 동안에 적들에게서 뺏은 전리품들을 같이 태우기도 하며 그것들이 다 타고 뼈가 삭아들어가기 직전에 적들이나 동물들의 피를 부어 불을 끄고 뼈를 건져 술로 깨끗이 씻어 항아리에 담아 고국으로 가지고 가서 다시 친지들과 더불어 장례를 치르게 되는 것이다. 인간 싯달타의 화장은 실제적으로 어떻게 거행되었을까? 『대반열반경』에 묘사되고 있는 싯달타의 시신이 타들어가는 모습을 한번 살펴보자!

다비식을 향해가는 장례행렬. 뒤따라 가는 악대

마하카사파 존자와 5백명의 비구들이 모두 세존의 유해에 예배하니, 세존의 유해를 안치한 화장나무는 저절로 불이 피어나 타올랐다.

이렇게 해서 세존의 유해를 다비했는데, 불가사의한 일은 유해의 겉살·속살·근육·힘줄·관절즙이 모두 재나 그을음도 남기지 않은 채 완전하게 타버리고 **단지 유골만 남았던 것이다.** 마치 버터나 참기름이 타고 난 다음 재나 그을음이 남지 않는 것처럼, 세존의 유해를 다비했을 때도 겉살·속살·근육·힘줄·관절즙 등이 재나 그을음도 남기지 않은 채 완전히 타버리고 **오로지 유골만 남았던 것이다.**

이렇게 해서 세존의 유해가 뼈만 남긴 채 모두 타버리자, 하늘에서는 비가 내렸고, 땅에서는 물기둥이 솟아올라 세존의 유해를 안치했던 **화장나무의 불을 껐다.** 또 쿠시나가라의 말라족도 여러 가지 향수를 뿌려 불끄는 것을 도왔다.

다비가 끝나자 쿠시나가라의 말라족은 세존의 유골을 집회장으로 옮겼다. 그리고 그 주변을 창과 화살을 꽂아 임시 울타리를 만들어 둘러쌌다. 이렇게 한 쿠시나가라의 말라족은 세존의 유골(=사리)을 이레 동안 음악과 춤, 찬란한 꽃과 향으로 존경하고 경애하고 숭배하면서 계속 공양올렸다.[57]

우리나라 진도의 시킴굿이 연상되는 이 싯달타의 다비장 장면에서 중요한 것은 우리나라 스님들의 다비장과는 달리 뼈를 안태우고 불을 껐다는 것이다. 살과 근육, 힘줄, 관절즙이 모조리 깨끗이 타버리고 해골만 옹고로시 남긴 것이다. 해부학적으로 뼈를 연결하는 힘줄이 다 타버리면 중추성 골격 74개와 부속성 골격 126개, 이소골 6개 도합 206개의 뼉다귀가 남는다. 싯달타의 다비는 싯달타의 206개 뼉다귀를 얻기 위한 불의 제식이었던 것이다.

이 206개의 뼉다귀는 8등분 되어 석가족과 깊은 관련을 나타내는 당대의 종족사회집단에 분배되었다. 이것은 매우 중요하고 정확한 원시자료이므로 그 종족명을 소개한다. 1) 마가다(Magadha)국왕 아자타삿투(Ajātasattu) 2) 베살리(Vesāli)의 릿챠비족(Licchavi) 3) 카필라바투(Kapilavatthu)의 샤캬족(Sākya) 4) 알라카파(Allakappa)의 부리족(Buli) 5) 라마마을(Rāmagāma)의 콜리야족(Koliya) 6) 베타디파(Veṭhadīpa)의 브라흐만들(Brāhmaṇa) 7) 파바(Pāvā)의 말라족(Malla) 8) 쿠시나가라(Kusinārā)의 말라족(Malla) 그리고 9) 도나(Doṇa)의 브라흐만들(Brāhmaṇa)은 세존의 사리를 넣었던 항아리를 얻었고, 10) 핍팔리바나(Pipphalivana)의 모 리 야 족 (Moliya)은 세존의 시신을 다비한 재를 얻었다.[58)]

이 싯달타의 뼈다귀를 8등분하여 얻은 사람들은 이것으로 무엇을 했는가? 이들은 바로 뼈다귀를 집어넣은 무덤을 만들었던 것이다. 이 무덤을 우리가 스투파(stūpa)라고 일컫는 것이다. 스투파란 무엇인가? 그것은 우리가 통상 탑(塔)이라고 부르는 것이다. 탑이란 무엇인가? 우리는 과연 탑이 무엇인지 한번 생각해본 적이 있는가? 자아! 이제 우리는 통상적으로 그냥 지나쳐 버리고 마는 이러한 어려운 문제들의 본질을 격파해버려야 하는 것이다.

바로 이곳이 『대반열반경』이 기술하고 있는, 릿챠비족이 가져간 싯달타의 뼈가 모셔진 역사적 현장이다. 왼쪽의 돌구덩이가 이 돔 안에 있는, 진신사리가 모셔진 스투파의 핵에 해당되는 부분이다. 사리탑의 직경은 8.07m. 사리 8분의 문헌적 기술이 역사적으로 실증된다는 것은 놀라운 고고학적 성과이다. 바이샬리 무드 스투파(Mud Stupa). 동네 꼬마들이 릿챠비종족다웁게 내가 쓰고 있던 볼펜을 달라고 졸랐다.

스투파와 탑

매장이나 화장이나, 후대에 기념될 만한 훌륭한 인물의 경우, 봉분을 가진 분묘를 만든다고 하는 면에서 아무런 차이가 없다는 것은 이미 전술한 바대로다. 다시 말해서 스투파란 단순히 화장의 결과로서 생기는 묘의 형태일 뿐이라는 것이다. 고대 중국의 경우를 살펴보면, 본시 묘는 지상의 봉분이 없었다. 봉분이 있는 묘는 산동 곡부에 있는 공자의 묘를 그 효시로 삼는 것이다. 그런데 스투파도 지상에 높고 큰 봉분을 만든다. 그런데 열대지방이기 때문에 흙으로 만든 봉분은 그 형태를 유지할 길이 없기 때문에, 납작한 벽돌로 쌓아올린다. 그러나 그 외형적 형태는 우리나라 봉분의 묘와 대차 없다. 봉분(覆鉢, aṇḍa)을 기단(基壇, medhī) 위에 올려놓고, 봉분의 꼭대기에는 옛날에 귀인들에게 우산을 바쳐드렸던 습관이 있어서 사암(沙岩) 세 판으로 만든 산개(傘蓋, chatrāvali)를 윤간(輪竿)을 중심으로 꽂아놓는다. 그리고 기단 주변으로 난간(欄楯, vedikā)을 둘러쳐서 성·속의 구분을 짓는다. 이것이 산치대탑(the Great Stupa at Sanchi)에서 볼 수 있는 모든 스투파의 기본 스트럭쳐인 것이다.

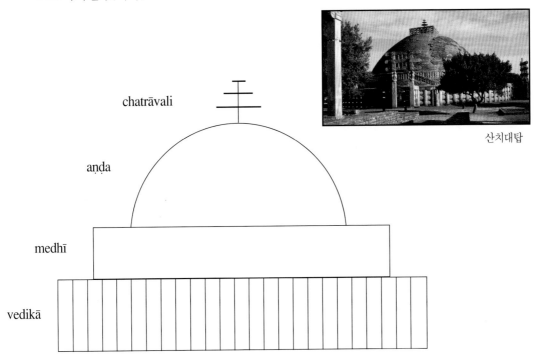

산치대탑

우리나라의 흙과 떼장의 봉분묘나 인도의 벽돌 복발(覆鉢, 동그란 사발 엎어놓은 모양) 스투파나, 그 속에 살과 근육이 부식된 뼉다귀를 보관하고 있는 묘라는 의미에서 하등의 차이가 없는 것이다. 단지 우리나라 묘의 경우는 시신을 통채로 넣어야 하기 때문에 묘가 하나 밖에 있을 수 없지만, 인도의 스투파는 뼉다귀만 넣는 것이기 때문에 동일인의 묘가 여러 개 있을 수 있다는 것만 다를 뿐이다.

원래 "탑"(塔)이라는 글자는 중국에 없었다. 선진(先秦)문헌에 전혀 나오지 않는다. 그것은 진(晉)나라 시대에 오직 "스투파"라는 말을 음사(音寫)하기 위하여 조자(造字)된 것이며, 남북조 시대의 제(齊)·양(梁) 간에 유행된 것으로 보인다. 그러니까 20세기 들어와서 "커피"라는 말 때문에 "가배"(咖啡, 카훼이)라는 요상한 글자가 쌩으로 만들어지는 것과 동일한 현상인 것이다. 『포박자』(抱朴子)를 쓴 갈홍(葛洪, 283~343)의 『자원』(字苑)에 그 첫 용례가 보인다. 『설문신부』(說文新附)에 "탑이란 서역의 부도(浮屠, 무덤)를 말하는 것이다"(塔, 西域浮屠也。)라고 명료히 규정되어 있다.

중국문헌에 스투파는 솔탑파(率塔婆) 등, 다양한 음사가 있다.[59] 그런데 이것이 간략화되어 탑파(塔婆)가 되고, 더 간략화되어 탑(塔) 한 글자로 된 것이다.[60] 그러니까 탑(塔)은 복성모의 글자일 수는 없고, 스투파가 줄어서 된 것이다. 그러니까 탑과 스투파는 전적으로 동일한 표현이다.

그렇다면 불타의 화장무덤이 스투파이고, 스투파가 탑이라고 한다면 우리는 다음과 같은 공식에 직면하게 된다.

무덤 = 스투파 = 탑
무덤 = 탑

그런데 과연 우리는 탑을 무덤이라고 생각하는가? 우리나라 사
람들은 탑이라 하면 절깐에 있는 장식적 조형물로 생각할 뿐이지,
탑이 곧 불타의 무덤이라고 생각하지 않는다. 그리고 절깐에 공양
을 드리러 가면, 반드시 절깐의 저 끝 높은 곳에 우뚝 서있는 대웅
전을 찾게되고, 대웅전에 의젓하게 앉아계신 본존불을 찾게 마련

불국사 대웅전, 석가탑과 다보탑. 8세기 중엽에 성립.

이다. 궁궐에 가도 반드시 임금이 앉아있던 근정전을 가봐야 지존 무상의 센터에 왔다는 느낌이 들 것이다. 옆 한 구텡이에 있는 후궁방에 가보고 궁궐을 봤다는 소리는 하지 않을 것이다. 청와대를 들어가도 푸른 개와지붕 속의 대통령을 만나야지 비서실에서 끼웃거리다 오면 청와대 갔다 왔다고 폼잡지는 못할 것이다. 대웅전에서 내려다 보면서 양옆으로 비켜 서 있는 아담한 쌍탑 건조물이야말로 본시 절깐이라는 승가, 즉 승가람(僧伽藍, saṃghārāma)의 센터요, 대웅전의 본존불보다도 훨씬 더 본질적인 신앙이나 경배의 중심이라는 생각을 하는 사람은 없을 것이다. 이러한 문제, 즉 사찰의 탑중심구조와 불상중심구조의 변화는 상전벽해의 기나긴 불교사의 문제, 즉 소승과 대승이라는 사상사적 문제, 승가의 성립을 둘러싼 제도사의 문제, 불교건축사·미술사의 제문제 전반을 건드릴 수밖에 없는 거대한 영역이기 때문에 불행하게도 내가 이 자리에서 상술할 수가 없다.

『대반열반경』에서 묘사하는 부처님 화장이 바로 이곳에서 이루어졌다. Ramabhar Stupa

스투파에 대한 의역(意譯)은 없었는가? 물론 있다. 그 뜻을 풀어 뭐라 했는가? 스투파를 의역한 예로써 "방분"(方墳), "대취"(大聚), "취상"(聚相)이라는 표현이 있는데 이것은 모두 무덤의 형태와 관련된 것이다. "대취"(大聚)라는 것은 벽돌을 크게 쌓아올렸다는 뜻이다. 이러한 형태에 관한 의역 외로 우리가 가장 주목해야 할 스투파의 의역이 바로 『법경경』(法鏡經)에 나오는 "묘"(廟)라는 표현이다. 『보살본업경』(菩薩本業經)에는 아예 "부처님의 종묘"(佛之宗廟)라고 표현하고 있다. [61] 이와 같이 스투파에 관한 한자문화권의 초기이해는 무덤과 관련된 원래의 의미와 모습이 보존되어 있었던 것이다. 묘(廟)란 무엇인가? 묘(廟)라는 자형을 보면 "广" 속에 "朝"가 들어가 있다. 묘라는 곳은 원래 조례(朝禮)를 행하던 곳이었던 것이다. 다시 말해서 제정일치시대에는 무덤과 조례를 행하는 곳이 하나였던 것이다. 그런데 제정분리가 일어나면서 조정과 종묘가 분리된 것이다. 『설문』(說文)에서는 묘(廟)를 쌍성첩운자(雙聲疊韻字)인 모(貌)로써 해설하고 있다. 즉 묘라는 것은 조상의 모습이 서린 곳이라는 뜻이다. 우리가 스투파를 부처님의 묘로서 기리는 뜻은 『대반열반경』에서 죽어가는 싯달타 자신이 설파했듯이, 그곳에 싯달타의 모습이 서려있기 때문인 것

스투파를
돌고 있는 소녀

이다. 우리가 왜 한식날에 성묘를 가는가? 성묘(省墓)란 곧 묘를 살핀다는 의미며, 그것은 곧 그곳에서 돌아가신 어버이의 모습이 서려있기 때문에 그 어버이의 유지를 받들어 우리 삶에 실천하고 자 하는 각오를 새롭게 한다는 의미를 내포하는 것이다. 중국인들 에게도 탑(塔)은 묘(廟)이며 묘(墓)이었다. 그리고 원시불교의 승 가의 형성이나, 가람의 형성, 그리고 신앙의 제형태는 모두 이 불 타의 스투파와 관련된 것이다. 불교신앙의 가장 원초적이고 보편 적인 행위가 "탑돌이"(the circumambulation of the stupa)였던 것이 다. 우리도 지금 부모님 묘소를 가면 묘를 몇번 빙 둘러보고 오는 것은 너무도 자연스럽게 우러나오는 행동일 것이다. 원시불교의 승가형성은 대부분 스투파를 중심으로 이루어진 것이며, 따라서 가람의 배치도 물론 탑중심이었다. 산치대탑의 주변으로 형성된 산치승원의 구조는 가장 오리지날한 승가의 한 전형을 우리에게 보여주는 것이다.[62]

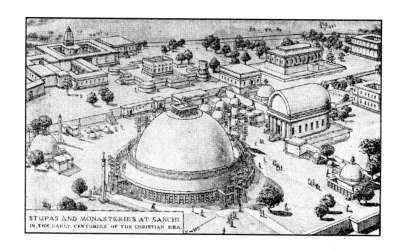

산치대탑과 그 주변으로 형성된 가람의 배치를 잘 보라! 이것이 기원 전후 세기의 사원의 모습이다.

전탑, 목탑, 석탑

우리에게 친근한 예로써 이 스투파의 원형에 가장 가깝게 오는 것이 바로 경주 분황사(芬皇寺)탑이다. 우선 분황사탑은 우리나라의 석탑의 일반형태와는 달리 모전석(模塼石)이긴 하지만 작은 벽돌들을 쌓아올렸다는 것과, 그 형태가 중국에서 발전된 누각의 형태가 아닌 돌무덤 스투파의 원형에 가깝게 오고 있다는 것이다. 그리고 분황사의 발굴터를 보면 그 전체 가람의 배치가 1탑중심이라는 것이다. 분황사 모전석탑은 새로운 시각에서 연구되어야할 매우 소중한 문화유산이다.

우리가 흔히 탑이라고 하는 것은 석탑이지만, 그것은 실상 순수한 석탑이 아니고 목탑의 형태를 돌로 옮겨놓은 것이다. 목탑이 석탑화되는 가장 초기의 장중한 실례가 바로 익산의 백제 미륵사

장중한 분황사 모습. 인도 스투파 개념에 가장 가깝게 오는
우리나라의 벽돌 탑이다. 634년 창건. 현장이 인도를 여행할 즈음

달라이라마와 도올의 만남(2)

백제미륵사지. 우리나라 최초의 석탑. 상단의 사진이 현재 해
체·복원중인 서탑. 하단 사진이 최근에 복원된 동탑. 탑아래
있는 사람이 필자. 그 규모를 알 수 있다. 백제 무왕치세기간,
630년대에 성립된 것으로 추정. 미륵사지유물전시관 제공

달라이라마와 도올의 만남(2)

지의 석탑이며, 이 석탑의 발전적 형태로서의 단촐한 아키타입을 부여 정림사지(定林寺址)의 5층석탑, 경북 월성의 감은사지(感恩寺址)의 동·서 3층석탑에서 엿볼 수 있다.[63]

그런데 우리가 흔히 탑이라고 생각하는 것이 원래 스투파와 다른 것으로 생각하게 되는 가장 큰 이유는 스투파에 해당되는 부분이 완전히 퇴행된 장식으로서 우리 눈에 잘 안보이는 꼭대기에 올라앉아 있기 때문이다. 앞에서 설명한 산치대탑의 모델을 가지고 설명하면 그 후로 이미 인도에서 기단부분이 확장, 자꾸 계단식으로 높아지게 되었다. 기단부분이 2계, 3계, 4계로 점점 확장되고 그 위에 봉분에 해당되는 복발이 상대적으로 작게 얹혀지게 되었다. 이러한 기단부분의 계단식 확장이 중국에 오면 아예 고층 누각의 형태로 바뀌면서 목조 건물화되어 갔던 것이다. 이러한 목조 누각식탑(木造樓閣式塔)이 남북조시대의 사원건축의 중심에 배치되게 되었는데, 이러한 목조누각식탑의 가장 장중한 우리나라의 예가, 현존하지 않지만 황룡사(皇龍寺)의 9층탑이다. 그리고 익산의 미륵사 중앙의 9층목탑도 이 황룡사 9층탑을 계승한 비슷한 규모의 탑이다. 그 정확한 유지(遺址)의 주춧돌 모습의 정황에 미루어 그 원형을 상상속에 복원할 수가 있다. 그리고 출토된 치미의 거대함으로 보아 부속건물들의 장쾌한 모습을 짐작할 수 있다. 그런데 이 황룡사 9층탑의 모습을 우리 눈으로 연상할 수 있는 가장 좋은 예가 바로 속리산 법주사의 팔상전(捌相殿)이며, 이것은 비록 후대에 재건된 것이기는 하지만 일본의 호오류우지(法隆

왼쪽 사진이 속리산 법주사의 팔상전인데 이것이 곧 우리나라 목탑의 원형이다. 이 팔상전을 미루어 황룡사 9층탑의 모습을 알 수 있고, 황룡사 9층탑을 미루어 백제 미륵사지의 석탑의 원형인 9층목탑의 구조를 알 수 있다.

寺)의 5중탑(五重塔)의 조형을 이루는 형태를 계승한 것으로 간주되는 것이다.[64]

속리산 법주사에 가서 팔상전 5층목탑을 보면서 누가 산치대탑 스투파를 연상할 것인가? 팔상전 5층누각 꼭대기를 잘 살펴보면 그 정수리에 노반(露盤)이 있고 그 위에 복발(覆鉢)이 있으며 그 위에 보륜(寶輪)의 장식이 있는 것을 알 수 있는데, 바로 이 꼭대기의 눈꼽만한 장식품들이 산치대탑같은 스투파가 퇴화된 형태로 남아있는 것이다.

황룡사 복원 모형.
1탑 3금당 배치
구조를 알 수 있다.
그리고 어디까지나
탑중심 구도이다.
국립경주박물관 제공

황룡사의 가람배치를 보면 그것은 어디까지나 9층목탑이 중심이고 그 위로 동(東)·서(西)·중(中)의 세 금당(金堂)이 자리잡고 있는데, 이것은 백제인들이 가서 지었다는 일본 최고(最古)의 절인 아스카데라(飛鳥寺)[65]의 1탑3금당배치의 발전적 형태로 간주되는 것이다.

아스카데라의 1탑3금당 배치는 그보다 약 1세기 먼저 조성된 고구려의 금강사(金剛寺) 사지인 청암리(清岩里)사지(평양 동북방 3Km, 대동강 북안)의 배치와 정확히 일치하는 것이다. 아스카데라의 규모에 비하면 청암리 사지의 규모가 더 크다. 그리고 청암리사지의 목탑은 8각형인데 반하여 아스카데라의 목탑은 4각형으로 그 규모도 축소된 것이다. 청암리사지의 탑과 3금당은 회랑으로 연결되어 있었던 것으로 추정된다. 그러니까 고구려 청암리사지(금강사), 일본 아스카데라, 신라 황룡사는, 모두 1목탑3금당 배치 구조를 기본으로 하고 있으며 이것은 어디까지나 탑중심의 가람배치라는 공통성을 지니고 있는 것이다.

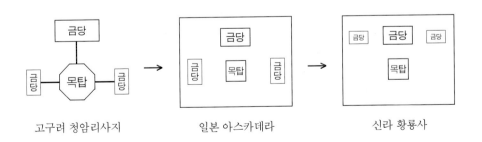

고구려 청암리사지   일본 아스카데라   신라 황룡사

백제 미륵사의 복원모형. 전북 익산 미륵사지 유물전시관 제공. 박물관에 가면 이런 모형을 그냥 지나치지 말고 세심하게 관찰해 볼 필요가 있다. 우리나라의 미륵사는 세계가람의 역사에 있어서 매우 유니크한 위치를 차지하는 위대한 조형물이다. 복합적인 요소와 창의적인 발상을 구현시킨 걸작이다. 이 미륵사의 프로토타입을 통해서 향후 모든 사찰의 발전 가능성을 살펴볼 수 있는 것이다. 3탑 3금당 3원의 구조를 잘 관찰해주기 바란다(주 63 참조). 지금은 중앙의 목탑이 사라지고 양옆의 석탑만 남아 있다. 그리고 중문 앞에 있는 두개의 당간지주도 남아있어 정확한 규모를 알 수 있게 한다.

미륵사지, 뒤의 삼각산이 곧 미륵하강의 용화산

금당이란 후대의 권위주의적인 대웅전과는 대비되는 소박한 불당의 개념인데, 당시에는 금동부처를 금인(金人)이라 불렀고, 그 금인이 앉아있는 집이라 해서 금당(金堂)이라 이름한 것이다. 금당의 존재는 이미 불상중심의 대승불교 건축개념이 도입된 후라는 것을 알 수 있지만, 그래도 가람의 중심이 어디까지나 탑이며, 불상이 자리잡고 있는 금당은 탑의 부속건물적 성격에 불과했던 것이다. 이것은 원시불교의 탑중심의 체제가 아직도 반영되어 있다는 것을 의미한다.

멸망해가는 백제의 중흥을 꾀한 서동요의 주인공, 무왕이 지었

다 하는 미륵사는, 신라 황룡사의 목탑중심체제에다가 양옆에 목
탑의 복제양식인 석탑을 세움으로써 스투파 개념의 획기적 전기
를 마련하였다. 그 3탑3원체제는 『삼국유사』의 기사가 말해주는
대로 용화3회(龍華三會)라는 미륵하생신앙을 구체적으로 형상화
한 것이 틀림이 없지만, 결과적으로 중앙 1목탑의 의제(擬製)로서
의 쌍석탑의 출현은 이미 탑의 의미가 건축배치상의 조형적 요소
로서 해석되는 소지를 갖게되어 순수 디자인 개념으로 발전할 수
있는 새로운 석탑의 장을 연 것이다. 석탑은 소실의 염려가 없으
며 장구한 세월을 버틸 수 있다. 그리고 소재의 성격상 목탑보다
는 소형화될 수 밖에 없다.

탑중심구조와 불상중심구조

　이러한 석탑의 성격과 의미의 변화는 가람배치 전체에 영향을 주어 통일신라초기부터는 이미 쌍탑식 가람배치가 모든 사찰의 디프 스트럭쳐로 자리잡게 된다. 사천왕사(四天王寺), 망덕사(望德寺)의 쌍목탑체제를 거쳐 감은사(感恩寺)의 쌍석탑체제에 이르게 되는데 이 때 가장 중요한 변화는 바로 쌍탑의 존재와 더불어 3금당체제 또한 1금당체제로 변화를 일으킨다는 것이다. 이것은 과거의 1탑1금당의 구도와는 전혀 성격이 다른 것이다. 다시 말해서 탑이 두개가 되었다는 것은 과거 1탑의 구조에 비하여 그 탑중심 배치가 근원적으로 파괴되었다는 것을 의미한다. 1금당이라는 사실은 곧 1탑의 중심구조자리에 금당이 환치되면서 쌍탑은 그 금당을 보좌하는 순수한 조형적 건조물로서 개념의 변화를 일으킨다는 것을 의미한다. 미륵사의 쌍석탑과 감은사의 쌍석탑(682년

신문왕 2년때 조성)은 약 반세기의 거리를 두고 있다. 이 시기에 백제는 멸망하고 통일신라는 전제왕권의 절정으로 치닫는다. 다시 말해서 불교가람의 성격도 탑중심의 평등구조에서 불상중심의 권위구조로 전환되는 결정적 계기를 맞이하게 된 것이다. 황룡사의 1탑3금당체제와 감은사의 1금당2탑체제는 탑중심체제와 불상중심체제의 구조적 역전을 극적으로 대비시켜 우리에게 전달해 주고 있는 것이다.

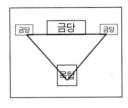

황룡사 1탑3금당
탑중심 불교가람

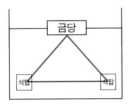

감은사 쌍탑1금당
불상중심 불교가람

감은사의 심층구조를 우리가 육안으로 쉽게 확인해볼 수 있는 것이 약 70년후에 등장한 그 유명한 경주 불국사이다. 불국사의 가람배치는 기본적으로 감은사의 그것에서 변화가 없다. 그리고 불국사의 웅장한 대웅전(대웅전은 현재의 명칭일 뿐이다) 앞 마당에 자리잡고 있는 화려한 다보탑(동탑)과 세련된 균형미를 자랑하는 단아한 석가탑(서탑)은 이미 탑의 본래적 의미를 상실한 채, 이미 순수한 조형예술로서 그 아름다운 자태를 과시하고 있는 것이다. 그리고 쌍탑의 대칭성을 무시해버린 것도 엄청난 파격이다. 미륵

감은사지

감은사의 쌍탑과 1금당 배치

달라이라마와 도올의 만남(2)

감은사의 탑에서 발전된 불국사의 석가탑. 쌍탑 대칭구조 파괴

사지의 석탑과 감은사의 석탑을 비교해 보면, 미륵사지의 석탑은 목탑의 조형적 요소를 가급적이면 충실히 반영할려고 애쓴 반면, 감은사의 석탑은 신라고유의 전탑의 전통을 목탑의 조형성과 결합시켜 단순화시켰다. 그러한 다양한 가능성을 함장한 채 한국의 탑문화는 세계 어느 곳에서도 유례를 보기힘든 독특한 조형미를 과시하면서 발전하여 나갔다.

감은사지의 가람배치는 향후의 모든 가람의 심층구조를 형성하는 것이다. 탑의 순수조형성으로서의 전환은 동아시아문명에 상륙한 스투파의 한계이자 운명이었다. 우선 스투파를 스투파이게 하는 그 핵심적 의미체인 싯달타 육신의 뼉다귀 원품을 구할 수 없었다는 것과, 이미 대승불교 초기로부터 반야사상의 흥기는 스투파공양에만 집착하는 미신적 성향에 대한 반성을 심화시켰다는 것, 그리고 중국인의 현실주의적 감각은 스투파라는 추상체보다는 인간중심적인 불상의 형상을 선호했다는 것, 그리고 동아시아 문명권에 있어서 불교는 호국불교로서 왕권과 결합이 불가피했다는 것, 등등의 이유로 스투파는 『대반열반경』에서 규정하고 있는 그러한 원래적 의미를 상실할 수밖에 없었던 것이다.

통일신라시대를 통해 쌍탑의 구도는 하나의 스테레오타잎으로 지속되었고, 쌍탑은 다이안지(大安寺)나 토오다이지(東大寺)의 경우처럼 회랑(the main enclosure) 밖으로 밀려나기도 하다가, 고려조에 오면, 점차 쌍탑구도의 규정형식마저 상실되어 가게 되는 것이다. 경내에 아예 탑이 없기도 하고, 주동선에서 비켜 있기도 하고, 홀로 서 있기도 하고, 본당 뒤에 가 있기도 하고, 엉뚱한 곳에 떨어져 있기도 하고, 형태도 운주사에 남아 있는 것처럼 다양한 파격이 시도되기도 한다. 한편 1금당2탑의 구도에서 금당이 점점 높은 계단위에 올라 앉게되면서, 사찰양식이 탑중심의 평면적 승가 콤뮤니티의 성격에서 점점 사각에 둘러싸인 궁궐(宮闕)의 구조로 바뀌어져 간다. 본당은 대웅전(大雄殿)화 되어 가고 점점 권위주의적인 형태로 바뀌어 가면서 관료주의적인 하이어라키를 반영케 되는 것이다. 그리고 탑은 궁(宮)에 대한 궐(闕)적인 조형요소로 이해되어 가기도 하였던 것이다.[66]

범어사 대웅전

아이콘과 비아이콘, 스투파와 차이띠야

2002년 1월 8일밤, 나는 마하보디사원의 스투파를 향해 걸어가고 있었다. 지금까지의 나의 기나긴 논의의 결론은 이러하다. 소승·대승을 막론하고 원시불교의 모든 종교운동은 스투파를 중심으로 이루어진 것임을 알아야 한다는 것이다. 스투파란 무엇인가? 스투파는 탑이다. 탑이란 무엇인가? 탑이란 부처님의 무덤이다. 부처님의 무덤이란 무엇인가? 부처님의 향기와 체취를 느낄 수 있는 곳이다. 스투파는 원시불교에 있어서 비아이콘적인 형상 (aniconic imagery)으로서 허용될 수 있는 유일한 것이었다. 물론 스투파 외로도 부처님 발자국(footprint)이라든가, 보리수나무(the Bodhi Tree)라든가, 부처님이 앉아 계셨던 금강보좌(the Adamantine Seat, vajrāsana) 등등을 들 수 있지만 이것은 모두 법신 (dharmakāya)사상에 의한 것으로, 인간 싯달타의 인간적인 형상 즉 등신불(anthropomorphic image)과는 거리가 먼 것이며, 어디까지나 추상적인 것이다. 스투파는 부처님의 법신의 현현이며, 마치 그가 그곳에 살아있는 것처럼 생각하고 그가 구현하려 했던 진리를 체득할 수 있는 곳의 상징물로서만 의미를 갖는 것이었다.

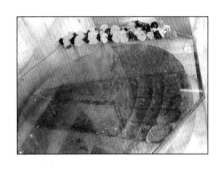

보드가야에 있는
부처님 발자국

부처님의 유골(사리)은 당시의 부처님과 관계 있었던 8종족에게 분배되었고, 그들에 의하여 부처님 생애 중에서 우리 후대의 사람들에게 기념이 될만한 인상깊은 곳에 스투파가 건립되기에 이르렀다. 그리고 부처님을 기리는 사람들의 발길이 그곳에 끊이질 않았다. 이 발길들로 구성되는 모종의 유대감이 바로 최초의 승가의 원동력이 되었던 것이다. 그리고 이것은 매우 구체적인 역사적 사실이며 문헌과 고고학적 발굴로써 입증되는 것이다.

그런데 이 스투파의 신앙(stupa worship)을 대대적으로 일으키고 전국적으로 확대시킨 사람이 바로 전륜성왕 아쇼카였다. 아쇼카는 최초의 부처유골이 들어간 8개의 스투파를 다시 개봉하여 그것을 모아 가루로 빻아서 다시 분배하여 8만 4천개의 스투파를 건립하였다.[67] 8만 4천개라는 숫자가 정확한 숫자인지는 모르지만 하여튼 엄청난 숫자의 스투파가 아쇼카시대에 인도전역에 건립된 것은 고고학적인 사실이다. 그리고 이 아쇼카의 8만 4천탑 조립의 설화는, 중국·한국·일본에도 엄청난 영향을 끼쳤다. 모두가 8만 4천탑 중의 하나가 자기네 땅 어느 곳에 있다고 주장하기 때문이

내가 처음 본 강가의 여신. 그 감격을 카메라에 담았다(앞 페이지). 그리고 강둑, 가트에는 싯달타와 같은 고행자가 차디찬 강바람 속에도 미동도 없이 밤새 앉아 있었다. 나는 그의 숨소리를 확인하러 다가갔다.

다. 이것이 소위 "진신사리"의 설화의 배경인 것이다. 『유사』에 나오는 자장법사의 사리설화도 이러한 역사적 사실을 배경으로 해서 태어난 것이다(『삼국유사』卷第三, 塔像第四, 前後所將舍利). 그러나 이 "사리"라는 것은 실제로 지극히 극소량의 "뼈가루"에 불과한 것이다. 우리가 생각하는 광물결정체였다면 8만 4천의 배분은 꿈도 못 꿀 일인 것이다. 부처님과 관련된 뼈·항아리·재, 이렇게 직·간접으로 관련된 모든 물증을 그 상징으로 담아 스투파를 건립하였던 것이다. 그리고 아쇼카시대에 스투파신앙이 성행하게 되면서 이 스투파 주변으로 자연스럽게 모이는 일반신도들(lay believers) 중심으로 대승불교의 보살운동이 일어나게 되었던 것이다. [68]

『마하승기율』(摩訶僧祇律) 권33에 보면 이런 재미있는 말이 있다.

> 부처님 뼈가 들어있으면 그것을 스투파라 부르고, 부처님 뼈가
> 들어있지 않으면 그것은 차이띠야라고 부른다.
> 有舍利者名塔, 無舍利者名枝提.『大正』22-498.

이러한 『마하상기카 비나야』(*Mahāsāṃghika Vinaya*, 摩訶僧祇律)의 언급이 정확한 구분기준으로 지켜졌는지는 알 수가 없으나 이것은 부처님의 뼉다귀를 얻지 못한 많은 탑들이 생겨나게 된 역사적 사실을 방증해 주는 것이다. 즉 이것은 탑의 성격이 부처님의 무덤이라고 하는 구체적인 의미로부터 점점 추상화되고 형식화되고 상징화되어 갔다는 것을 의미한다. 본시 스투파는 승가와 특별한 관련이 없이, 평신도들에 의하여 자연스럽게 독자적으로 유지된 오픈 스페이스였다. 그런데 이 스투파신앙이 보편화되고 성행하게 되자 스투파를 승가(출가자집단 생활공간)내로 끌어들이게 되었다. 그래서 생겨나는 것이 차이띠야(caitya)다.[69] 차이띠야는 우리 감각으로 이야기하자면 불

아잔타의 차이띠야. 19번 석굴. 통돌을 파들어간 것이지만 그 구조는 목재 돔 형식을 반영하고 있다. 그러니까 정말 초기 차이띠야는 목재의 공포형식으로 지은 것임을 알 수 있다. 홀의 끝에 스투파가 있다. 그리고 스투파에 또 불상이 조각되어 있다. 이 불상조각으로 미루어 이 차이띠야는 대승시대에 조성된 것이 분명하다. AD 500～550년 경으로 추정.

상 대신 부처님의 부도(浮屠)를[70] 모신 법당이라고 생각하면 가장 쉽게 이해될 수 있는 것이다. 영묘(靈廟), 사당(祠堂) 등으로 의역되는 것만 보아도 그 성격을 잘 알 수 있다. 이 초기 차이띠야의 원형들은 아잔타의 석굴사원에 잘 보존되어 있다. 그리고 나중에는 이 차이띠야와 승려들의 생활공간이었던 비하라(vihāra, 僧坊, 僧房, 精舍, 寮舍)와의 접합이 일어나고 그렇게 해서 가람이 형성되어 갔던 것이다.[71]

19번 석굴 차이띠야의 17개의 석주에 새겨진 정교한 조각.
부처의 화려한 생애와 득도의 고행이 감실과 주변에 묘사되어 있다.

아쇼카의 석주

인도는 역사를 쓰기가 매우 어렵다. 소위 연대, 크로놀로지(chronology)라는 것이 확실한 것이 별로 없기 때문이다. 인도인들의 가치관은 세속에 있질 않았다. 항상 이 세간을 벗어나는 해탈에 있었으며 그것은 시간의 초월이었다. 따라서 세속적인 시간에 대한 관심이 없다. 그리고 자기의 생애를 무한한 억겁년의 윤회의 한 고리로 파악하기 때문에 지금 현 생애의 정확한 시점이라는 것은 별 의미가 없었다. 그래서 연대나 저자(author)의 개념이 박약했다. 진리는 보편적으로 공유되는 것이다. 한 인간이 특정적으로 독점하여 기술하는 것이 아니라고 그들은 생각했던 것이다. 나는 인도여

초전법륜지의 걸인.
기나긴 윤회에서
우리는 또 만나겠지요.

행을 하면서 거지들이 계속 따라붙으면 "다음에 보자!" "다음에 주겠다!"라고 했다. 그런데 "다음이라니, 언제 또 다시?"하고 묻는 거지에겐 이와 같이 대답했다.

"기나긴 윤회의 시간이 기다리고 있는데 뭘 다시 만날 것을 걱정하오?"

억겁년 안에 다시 만날 기회가 반드시 있으리라는 뜻이다.

아쇼카대왕은 고맙게도 중요한 성지들에 모두 명문이 새겨진 석주를 세웠다. 아쇼카석주(Ashoka Pillar)라는 것이 바로 그것이다.[72] 통돌을 동그랗고 밋밋하게 깎아 세운 것인데 어느 것은 20미터 높이나 된다. 참으로 늠름한 장관을 연출하고 있다. 꼭대기에는 보통 사자 등, 동물이 안치되어 있다. 사르나트에 있는 네 마리 사자석두의 석주는 1950년 마하트마 간디에 의하여 새로 탄생된 인도공화국의 상징(state emblem)으로 채택되었다.

사르나트 아쇼카 석주.
높은 석주위의
주두(柱頭)부분.
4마리의 사자 밑에
4개의 법륜이 있고
그 사이사이에
황소·말·사자·코끼리가
새겨져 있다.
사르나트 박물관 소장.

나는 사실 역사적 유적지를 땀을 뻘뻘 흘리면서 돌아다니는 것을 별로 탐탁치않게 생각한다. 다리가 아파서가 아니라, 유적지라고 가보면 모든 것이 관광상품화 되

바이샬리의 아쇼카 석주. 14.6m. 이 경우는 사자 한 마리가 스투파를 고고하게 지키고 있다. 라이온 킹!

바이샬리 아쇼카 석주가 있는 꼴후아 라뜨(Kolhua Lat) 전경. 이곳은 부처님이 오셨을 때 원숭이가 꿀을 봉양했다는 원후봉밀터이다. 부처님께서 걸식을 위하여 자신의 발우를 제자들 것과 같이 섞어 늘어놓았는데 원숭이가 부처님 것만 골라내어 꿀을 가득채웠다는 것이다. 그리고 수천마리의 원숭이들이 흙을 파서 부처님께서 목욕하실 수 있는 연못을 만들었다. 이 연못을 람쿤드(Ram-Kund)라 부른다. 아쇼카 왕은 이를 기념하여 스투파와 석주를 세웠다.

어 있을 뿐 아니라, 후대의 조작 때문에 본래의 모습이 완전히 상실되어 아무런 감흥을 느낄 수 없는 것이다. 마하보디 사원 안에 있는 보리수를 보느니 차라리 어느 이름없는 인도 농촌의 어귀, 시원한 냇물이 내려다 보이는 탁 트인 공간에서 홀로 숨쉬고 있는 보리수를 보고, 그곳에 앉아 담배 한 대 말아 피우고 있는 농부의 모습에서 싯달타의 가부좌 튼 보좌를 연상하는 것이 훨씬 더 리얼할 것이기 때문이다. 보리수나무는 인도사람의 "느티나무"일 뿐이다. 동네어귀에서 그늘을 제공하는, 긴 담뱃대를 툭툭치는 할아버지들이 바람 솔솔 부는 평상에 태평스럽게 앉아 장기를 두고 있는, 느티나무의 인도판에 불과한 것이다.

인도의 정취를 물씬 느끼게 하는 동네어귀의 보리수나무. 인도를 유랑하면서
나는 이런 광경들을 사랑하고 또 사랑하였다. 분홍빛 샤리에 맨발로 걸어가는 저 여인을 보라!

나를 감동시킨 것은 4대성지 그 자체가 아니라 우뚝 우뚝 서 있는 아쇼카석주였다. 그것은 너무도 리얼했다. 그것은 너무도 생동하는 역사의 증인이었다. 그런데 또 경악할 만한 사실은 이 생동하는 역사의 증인조차 확실치가 않다는 것이다. 이건 또 뭔 소린가?

우리가 붓다의 생애의 연대를 고증할 때 현재 쓰고 있는 자료가 모두 아쇼카를 기준으로 해서 역산하는 것이다. 스리랑카의 역사서인 『디파왕사』(Dīpavaṃsa)와 『마하왕사』(Mahāvaṃsa)에 의하면, 붓다는 아쇼카왕의 대관식해보다 298년 먼저 태어났고 218년 먼저 서거했다는 것이다. 아쇼카왕의 대관식해는 326 BC로 되어 있으므

로 붓다의 생몰은 624~544 BC가 된다. 그런데 희랍측의 자료에 의하면 아쇼카왕의 대관식은 268이나 267 BC의 사건이 된다. 이 자료에 근거하여 역산하면 붓다의 생몰은 566~486 BC가 된다. 유럽의 학자들은 모두 이 연대를 신빙성있는 것으로 받아들인다. 그런데 인도자료와 그 번역서인 중국·티벹 자료에 의하면 붓다의 출생은 아쇼카대관식보다 180년 빠르며, 죽음은 100년 빠르다고 한다. 희랍 측의 아쇼카대관식 연대를 전제로 하여 계산하게 되면 붓다의 생몰은

달라이라마와 도올의 만남(2)

448～368 BC가 된다. 일본학자들과 독일학자 하인츠 베케르트(Heinz Bechert)는 이 설을 신봉한다. 그리고 혹설은 463～383 BC를 주장한다. 현재 고타마 싯달타의 생몰연대는 이렇게 다양하다.

남방전승	624 ～ 544 BC
희랍전승	566 ～ 486 BC
인도 · 중국 ·	463 ～ 383 BC
티벹 · 일본	448 ～ 368 BC

한 인간의 생몰에 대한 추정이 아직도 200년 이상의 불확정성 영역을 헤매고 있다면 과연 그 역사성을 우리는 어디까지 신빙할 수 있을 것인가? 그리고 그렇게도 유명한 왕, 너무도 고고학적으로 정확한 사실이 입증되는 그러한 인도 최고의 통치자의 연대도 아직까지 1세기의 불확정영역 속에 감추어져 있다는 이 사실이 역사의 기록을 생명같이 여겨온 황하문명권에서 본다면 하나의 기적이 아닐 수 없는 것이다. 인도의 역사는 대충 말하지 않으면 안된다. 꼬치꼬치 캐물으면 너도 망하고 나도 망한다. 그럼에도 불구하고 싯달타는 나에게 예수보다는 더 리얼하게 다가왔다. 우리는 나자렛에서 예수가 목수노릇했던 목공소를 찾을 수 없다. 그러나 싯달타의 유적지에서는 그러한 냄새를 느낄 수 있다. 무엇보다도 그 주변의 산하의 모습이나 그곳에서 살고 있는 인간들의 삶의 모

습이 아직도 그 당시의 모습을 지니고 있는 것이다. 인도는 고조선의 푸른 이끼를 아직도 간직하고 있는 문명이다. 그러한 인간 싯달타의 체취를 느끼게 해주는 사람이 바로 아쇼카인 것이다. 싯달타와 아쇼카의 생몰연대가 다 같이 유동적이든 말든지 간에 이 두 사람의 상대적 관계는 너무도 확실한 것이다. 아쇼카가 발견하려고 했던 역사적 붓다는 불과 그의 현실적 삶으로부터 200년이라는 시간 밖에는 떨어져 있질 않았다. 아쇼카는 분명 역사적 붓다의 체취를 몸소 느꼈을 것이다. 그리고 그곳에 자신의 석주를 박아놓았던 것이다. 이 석주가 없으면 모든 것은 망각의 잿더미로 흘러가버렸을 것이다. 아쇼카 만세!

아쇼카 석주와 마하보디 스투파.
이 석주때문에 이곳은 한두사원에서 대각지로 환원될 수 있었던 것이다.

아쇼카와 마하보디 스투파

싯달타가 앉아 있었던 그 보리수나무가 지금도 있는가? 아쇼카 왕이 이곳을 찾았을 때는 분명 그 나무가 있었을 것이다. 아쇼카 는 스리랑카로 불교를 전파하기 위해 자기 아들 마힌다(Mahinda 혹은 Mahendra)와 사랑하는 딸 상가밋타(Saṅghamitta)를 팔리어삼 장을 외우는 법사들과 함께 보낸다. 아쇼카는 이 보리수나무가 박 해받을 운명을 직감하고 그 사랑하는 딸 상가밋타의 손에 이 보리 수나무 묘목을 하나 쥐어주었다. 보리수나무에 담긴 지혜도 함께 전파한다는 의미도 있었을 것이다. 나중에 이곳 보드가야 보리수 가 이교도들의 박해로 잘려나가자, 상가밋타가 스리랑카의 아누 라다푸라(Anuradhapura)에 심은 보리수의 어린 묘목을 또 다시 이 곳으로 옮겨다가 심었다는 것이다. 오늘날 우리가 보는 보리수는 붓다가 앉았던 보리수의 적계 손자인 셈이다. 지금도 마하보디 스

바로 그 보리수나무

투파 곁에서 그 웅장한 모습을 자랑하고 있었다. 이런 얘기는 정말일까? 그런데 정말이 아니라면 또 어쩔 것인가?

그 보리수나무 옆으로는 거대한 스투파가 자리잡고 있다. 그런데 이것은 스투파가 아니다. 언뜻 보아도 알 수 있듯이 이것은 결코 불교성지의 오리지날한 유물일 수가 없다. 지금 우리가 보드가야의 정각대탑이라고 부르는 현재의 마하보디 스투파는 실제로 불교와는 크게 관련이 없는 것으로 보인다. 최초의 보드가야대탑의 조성연대는 팔라왕조시대(Pala Dynasty)로 거슬러 올라간다고 추정하고 있지만 현재의 사원은 12세기경에 건립된 것이며 그것

도 힌두사원의 양식을 반영하는 것이다. 그 건물양식을 보면 쉽게 알 수 있듯이 원시불교와는 아무런 관련이 없다. AD 637년에 이곳을 방문했던 현장은 그 『대당서역기』에 보리수 동쪽에 위치하고 있는 정사에 관하여 자세한 기록을 남기고 있는데, 그 정사의 모습과 오늘 우리가 바라보고 있는 대탑의 모습은 일치하지 않는다. 기원전 250년경 아쇼카는 분명 이 지역에 스투파를 세웠을 것이다. 그러나 그 스투파의 흔적은 지금 찾아볼 길이 없다. 그리고 오늘의 이 사원 건물이 언제 어떻게 지어진 것인지는 아무도 그 정확한 유래를 알 길이 없다. 그리고 후대에는 힌두사원으로서 기능하여 왔다. 이곳이 원래 힌두사원의 자리가 아니고 부처님의 대각성지임을 알린 것은 1880년에 이곳을 발굴한 인도주재의 영국 군인이었으며 탁월한 고고학자였던 커닝햄(Sir Alexander Cunningham, 1814~1893)이었다. 그때만 해도 이곳은 이슬람의 침공이후 모래와 밀림 속에 파묻혀 있었다.

그러한 사실을 알게 된 미얀마의 왕이 이곳의 힌두왕에게 엄청난 돈을 주고 이 탑을 수리할 수 있는 권한을 얻고나서 많은 사람을 보내어 현재의 모습으로 복원하였다. 그럼에도 불구하고 인도정부는 이곳 사원 및 주변유적지를 샤이비테 마한타(Shaivite Mahanta)라는 힌두교도 지방영주에게 넘겨줘 버리고 말았다. 그 후 60여년에 걸친 법적 소송 끝에 대보리사원(Mahabodhi Temple)이 불교도의 소유라는 것이 부분적으로 인정되었고, 1953년에는 보드가야 사원 경영위원회(Bodhgaya Temple Management Committee)가 발족되어 오늘까지 운영을 맡고 있다. 그러나 경영위원회는 힌두교 4명, 불교도 4명, 정부관리 1명으로 구성되어 있는데 정부관리가 반드시 힌두교인이어야 한다니 아직도 힌두교의 입김을 벗어나지는 못하고 있는 것이다. 보드가야는 결코 매력있는 곳은 아니다. 무엇보다도 붓다의 숨결의 순결성이 없다. 단지 옆에 우뚝 서있는 아쇼카석주만 대각지의 진실성을 웅변해주고 있을 뿐이다.

대각탑 주변의 봉헌 스투파들. 역사적으로 성지의 스투파를 찾아온 많은 사람들이 그 주변에 작은 스투파를 만들어 봉헌했던 것이다.

혜초스님의 감회

탑 주변으로 높게 쌓아올린 탑돌이를 할 수 있는 4각형의 길이 있었다. 달라이라마께서 오시는 것을 준비해서였는지 어느 린포체가 무제한 촛불공양을 했다고 했다. 밤에 오는 누구든지 원하는 대로 양초를 준다. 그러면 사람들은 양초에 불을 붙여 사방에 켜놓는다. 영롱한 촛불이 서로를 비추고 있는 모습은 그야말로 상즉상입의 장엄한 인드라망의 화장세계(華藏世界)였다. 나는 순간 내가 발딛고 있는 이곳을 방문했

내가 맨 처음에 대각탑에 도착했을 때.

던 우리의 선조 혜초스님께서 남기신 5언 싯귀가 생각이 났다.

마하보리사를 내 이역만리가 멀다하지 않고 왔노라!

이제 저 카시에 있는 녹야원을 어찌 멀다 하리오?

단지 걸린 길들이 험한 것이 근심일 뿐,

가고자 하는 내 뜻은 바람에 휘날린 적이 없노라.

아~아~ 팔성지의 스투파는 정말 보기 어렵구나!

이미 겁탈 당하고 불타버려 온전한 모습이 없네!

어찌 계림에서 온 이 사람의 바램이

다 성취되기를 바랄 것이랴마는

지금 내 눈에 보이는 이 모습이

그대로 부처님 모습이 아니겠누! [73)

저 금강보좌 옆에는 유럽·미국에서 모여든 서양인들이 수백명이 몰려 앉아 어느 티벹스님의 설법을 듣고 있었다. 티벹스님이 영어로 강의하면 또 한 서양인이 옆에서 불어로 통역했다. 어둠을 통해 퍼져나가는 불어의 액센트는 정말 상큼하고 경쾌했다. 그리고 서양사람들이 앉아있는 모습은 참 근엄하고 진지했다. 그들은 무얼 하나 믿으면 아주 진실하게 믿는다. 그만큼 마음이 순결한 것 같다. 그런데 그 금강보좌 옆의 설법은 매우 재미난 형식을 취하고 있었다. 설교자가 한 2·3분 정도 설법하고 나면, 반드시 한 5분 정도 청중들이 다 함께 독경의 챈팅을 하는 것이다. 그렇게 설교와 주문이 계속 반복하는 것이다. 매우 현명한 방식이라 생각했다. 우리나라 절깐에서도 배울 필요가 있다고 생각했다. 왜냐하면 스님들의 설법이란 필연적으로 졸리게 마련이다. 그리고 앉아있는 보살님들은 귀로 듣는 것보다 입으로 독경하는 것을 더 좋아하기 때문이다. 이지적인 설법과 감성적인 주문을 섞는 방식의 티벹승의 설교는 매우 좋았다. 듣기 좋게 아름다운 불어의 내용은 주로 밀교수행법의 기초이론을 설하고 있었다. 그리고 간간이 울려퍼지는 대중들의 챈팅소리는 장엄하기 그지 없었다. 수없는 순례객들이 쌓아올린 작은 부도탑들 사이로 높이 솟은 마하보디 스투파의 모습을 더욱 신비롭게 만드는 것이었다. 티벹불교의 세계화의 현장이었다.

"최영애 선생님께 중국어를 들었어요."

어딜 가나 한국여행객들과 부딪치게 마련이다. 연대 인문학부 4학년의 여학생이 나에게 인사를 했다. 그렇게도 남루한 여행객 복장을 하고 있는 나를 어둠 속에서 알아보고 인사하는 사람들이 참 신기하게 느껴진다.

"도올서원 10림입니다."

남녀 커플로 온 젊은이들이 또 인사한다. 그 남학생이 도올서원에서 나에게 배웠다는 것이다. 자세히 보니 얼굴이 기억이 났다. 나는 그동안 도올서원에서 한 3천여 명의 제자들을 키워내었다. 요즈음 내 인생의 보람이란 이들에게 거는 기대밖에 없다. 학문을 하는 이들은 모름지기 젊은이들의 품성을 길러주고 지식을 전수해주어야 하는 것이다.

마하보디 스투파에서 돌아오는 길에 참혹한 풍경이 눈에 띄었다. 불교순례객들이 많이 오기 때문에 이곳에는 인도거지들이 떼거리로 몰려와 사는 것이다. 그들이 길거리, 차거운 돌바닥 위에서 그냥 잔다. 거적을 뒤집어쓰고 앉은 채 누운 채 옹기종기 모여 웅크리고 기대있는 그들의 모습은 마치 영화 『벤허』에 나오는 문둥병자들의 모습 같았다. 실제로 나병환자들이 많았다.

수자타호텔을 들어서는데 또 일군의 한국 대학생들이 인사를 한다. 동국대 영문과 다닌다는 검은 얼굴에 키가 큰 여학생, 그리

고 보디가드처럼 붙어 다니는 땅땅한 남자친구, 그리고 까무잡잡
한 인도인처럼 생긴 남학생…… 그런데 그 인도인처럼 생긴 남학
생은 한국말을 썩 잘하는데 알고 보니 진짜 인도사람이었다. 이름
을 "반디"라 했는데 전북대학교 경영학과 1학년에 재학중이라고
했다. 바로 보드가야사람인데 보드베가스("라스베가스"에서 "라스"
를 깨달음을 의미하는 "보드"로 바꾼 것이다)라는 한국음식점을 경영
한다는 것이다. 군침이 돌았다. 그렇지 않아도 인도음식에 좀 질
력이 나서 남군 보고 이 근처 한국절 좀 찾아보라고 했던 것이다.
남군이 한국절을 갔다와서는 하는 말이 스님도 안 계시고 관광객

몇 명만 유숙하고 있는데 한국음식이 다 떨어졌다고 하더라는 것이었다. 보드베가스가 좋을 것 같았다. 그래서 반디군에게 물어보니 경찰서 옆에 있는 싸인만 따라 들어오면 자기집을 쉽게 찾을 수 있다고 했다. 식당이라고 해봤자 자기집 옥상이라는 것이다. 한국음식이 있냐고 하니까 자기가 한국에서 살면서 식품재료를 여기 사는 동생들에게 부쳐준다는 것이다. 그래서 우선 라면이 있냐고 물었더니, 야속하게도 어제 한국 대학생들이 몰려와서 다 먹어치웠다는 것이다. 하룻밤의 간발의 차이로 우리는 한국라면의 카랑카랑한 맛을 음미할 절호의 기회로부터 탈락하고 만 것이다. 나는 대학생 때 재미난 얘기를 들은 적이 있다. 어느 철학과 친구가 지독하게 염세비관을 해서 자살을 하려고 했다는 것이다. 그래서 하숙방에 앉아 약을 사다놓고 죽으려 하는데 아무리 생각해도 염라대왕한테 가면 라면을 못먹게 될 것 같아서 너무 억울하더라는 것이다. 순간 군침이 돌았다. 그래서 라면이나 실컷 먹고나 죽자 하곤 라면을 끓여먹었다. 돌이켜 생각해보니 죽어 라면 못먹는 것보다, 라면이나 먹으면서 사는 것이 더 낫겠다는 생각이 들었다는 것이다. 이것은 꾸며낸 우화가 아니라 실제 있었던 일이다. 한국인의 라면중독현상을 단적으로 나타낸다. 나는 평소 라면을 먹지 않는다. 라면은 결코 권장할 만한 음식이 아니다. 그러나 어느 때 어느 순간엔가 못견디게 라면을 먹고 싶을 때가 있다. 인도에서의 나의 느낌이 그러했다. 반디는 김치국과 미역국은 끓여줄 수 있다고 했다.

사암 한기 속의 꿈

2002년 1월 8일이 드디어 막을 내리기 시작했다. 정말 기나긴 하루였다. 기나긴 사색의 하루였다. 주욱 사지를 뻗고 편안케 자려는데 예상했던 대로 한기가 엄습했다. 기분나쁜 사암의 한기가 살기(殺氣)로서 뼈 속까지 쑤시고 들어오는 것이다. 몸서리쳐지는 음산한 느낌이었다. 나는 악몽에 시달렸다.

갑자기 엄마하고 마포에 새우젖을 사러갔다. 요즈음 사람들은 이런 풍경을 상상도 못할 것이다. 마포 어귀에 늘어선 새우젖 독… 뭔가 그런 몽롱한 느낌 속에 갑자기 달라이라마를 만났다. 달라이라마께서 내 손을 잡아주셨다. 나는 그의 발 밑에 두 번이나 엎드려 큰 절을 했다. 그랬더니 달라이라마께서 엎드린 나를 일으켜 세워주셨다. 난 얼굴을 치켜 들면서 달라이라마님께 여쭈었다.

달라이라마와 도올의 만남(2)

"제 편지를 받아 보셨습니까?"

그랬더니 달라이라마께선 자툴 린포체대사의 일도, 내 편지도 전혀 모르고 계셨다. 전혀 나에 관한 소식을 들은 바가 없다는 것이다. 나는 가슴이 덜컹했다. 그랬더니 달라이라마께선 "직지인심," "이심전심" 그냥 마음으로 만나면 되는 것이 아니냐고, 편지가 뭔 필요가 있겠냐고 인자하게 말씀하시는 것이었다.

나는 꿈속에서지만 한국사회의 문제는 티벹인민들이 겪는 고초를 통하여 드러난다고 역설했다. 이것이 정확하게 무엇을 뜻하는 말인지도 나는 몰랐지만 하여튼 꿈속에서 역설한 이 말을 정확하게 기억했고 노트에 적어놓았다. 그리곤 "가르바(garbha), 수뜨라(sūtra)," 나는 이런 말을 계속해서 주절거렸다. 가르바, 수뜨라, 가르바, 수뜨라… 뭔 암호처럼 이렇게 외치다가 나는 번쩍 눈을 떴다. 새벽 6시였다. 새벽의 청자빛 여명 속에 정각대탑의 우뚝 솟은 모습이 눈에 들어온다. 몸이 온통 한기에 쩔어 있었다. 목젖이 칼칼했다. 지독한 감기가 기습한 것 같았다.

나는 날이 밝자마자 남군·이군을 깨워서 빨리 보드베가스를 가자고 했다. 우선 보드베가스에 가서 한국식 국물을 주욱 들이키면 좀 살 것 같다는 느낌이 들었다. 고급호텔인데도 목욕탕의 더운물조차 센트랄 히팅에서 나오는 것이 아니라 목욕탕에 부착된 온수기에서 나오는 것이었다. 그것도 심야전기 같은 것으로 데우는 것인데 용량이 눈꼽만 해서 조금 틀면 찬물이 되어버리곤 했다. 욕조에 받아서 하는 더운물 목욕은 하나의 꿈일 뿐이었다. 그래서 나는 허름한 싸구려 여관이래도 좋으니까, 목조건물에 양광이 드는 남향방을 하나 찾아보자고 했다.

대각탑 탑돌이를 하면서 담소하는 티벳 여인들. 한국인의 생김새와 너무도 흡사하다.

찢겨진 돈뭉치

이군은 이 호텔을 델리에서 예약했어야 했고 이미 대금은 선불해놓은 상태였다. 칼라차크라 행사 때문에 숙박시설이 모두 만원이었던 것이다. 인도인의 수중에 어떤 돈이든 한번 들어가면, 그것이 다시 나오리라는 생각은 해서는 아니된다. 바라나시에서 있었던 일이다. 수중에 인도돈이 없으니까 너무 불편해서 미화 한 1500불 정도를 바꿀 요량으로 인도의 국립은행(State Bank of India)엘 들어갔다. 국립은행이니까 아무 문제가 없으리라고 생각했다. 여행자수표를 카운터에 쓰고 있는데 갑자기 기관단총을 든 경찰들이 날 둘러싸고 어디로 가자는 것이다. 왜 그러냐니까 조사할 게 있다는 것이다. 갑자기 난 흉악한 도둑놈으로 몰린 느낌이었다. 영문을 알아보니 나의 여행자수표에 문제가 있었다. 여행자수표는 윗칸에 소지자의 싸인이 미리 되어 있는 것이 원칙이다.

그런데 보통 한국은행에서 티씨를 줄 때 본인 싸인란에 싸인하는 것을 확인 안한 채 본인 재량에 맡겨버린다. 그 인도의 국립은행의 은행직원은 내 수중에 있었던 싸인이 없는 맹숭맹숭한 티씨 거금을 보고 날 도둑놈으로 간주해버린 것이다. 나는 지점장실에까지 끌려갔고 온갖 변명을 해서 가까스로 풀려났다. 그리고는 한번에 미화 500불 이상은 환전해주지 않는다는 것이다. 환장할 지경이었다. 나는 화를 버럭 내고 은행을 나와버렸다. 내 돈을 가지고, 그것도 미화를 가지고, 인도돈을 미화로 바꾸자는 것도 아니고, 미국돈을 인도돈으로 바꾸겠다는데, 자기나라 경제를 도와주겠다는데 이런 수모를 당하다니! 화를 내고 은행을 나올 때는 이런 대도시라면 달러 바꿀 은행은 쌔고 쌨으려니 했던 것이다. 경천동지

인도여행에서 가장 행복했던 추억은 어디서나 오염되지 않은 천연의 과일이나 생과일쥬스를 실컷 먹을 수 있다는 것이었다. 오렌지는 물론, 석류나 포도를 즉석에서 과즙기를 빙빙돌려 짜주는 그 맛은 신들의 넥타보다 더 달고 헛바닥을 쏘는 짜릿함이 있었다. 싱싱과 순수라는 언어의 최고의 구현체였다. 한컵에 10루삐 정도. 쿠시나가르에서 파트나로 가는 도중, 고팔간즈(Gopalganj)에서.

할 사건이 벌어졌다. 인도의 가장 성스러운 도시, 카시(Kāshī)! 전 세계에 가장 많은 순례객들로 붐비는 이 대도시 바라나시에 환전할 수 있는 은행이 두 개밖에 없다는 것이다. 그것도 줄이 길어 몇 시간이 걸리고 또 오후 2시면 문을 닫는다는 것이다. 나는 하는 수 없이 사채업자를 찾아야 했다. 또 다시 놀랄만한 사실은 사채업자들의 환전율이 국립은행보다 더 짜다는 것이다. 국립은행이 그 모양이니까 사채업자들이 배짱 튀기면서 장사를 해먹는 것이다. 내가 어릴 때, 우리 형하고 누나하고 미국유학 갈 즈음에, 명동 뒷골목엔 딸라장수들이 우글거렸다. 그런데 지금 북경엘 가면 딸라장수들이 우글거린다. 그러나 물론 은행에서 환전하는 것보다 딸라장수에게 바꾸는 것이 이익이다. 그런데 이러한 중국의 사정과 정

인도에서는 어딜가나 막대기 하나 걸쳐있으면 돈을 내야한다. 통행세를 받는 것은 이해할 수 있다해도 통행세를 내는데 보통 30분이상 걸린다는 것은 이해하기 어려운 것이다. 운전사와 통행인의 모든 인적사항을 세세하게 적고 구찮게 굴기 때문이다. 번문욕례의 간소화의 수준이야말로 문명의 수준의 척도다. 나의 어린시절의 우리사회 모습을 보는 것 같았다. 우리사회는 어느 측면에서는 확실히 바람직한 방향으로 변해온 것이다.

반대의 나라가 이 지구상에 존재하리라고는 정말 상상도 못했던 일이다. 우리나라는 언젠가 이미 딸라장수 따위는 찾아볼 수도 없는 나라가 되어버린 것이다. 나는 하는 수 없이 사채업자에게 1500불을 다 바꾸기로 마음먹었다. 환율에 조금 손해를 보더라도, 또 다시 기관단총에 둘러싸이는 그런 끔찍한 일을 당하기는 싫었던 것이다.

그런데 또 다시 엄청난 사건이 벌어졌다. 인도에는 10루삐권이 있는가 하면, 20루삐권, 50루삐권, 100루삐권, 500루삐권이 있다. 인도인들은 "노"(No!)를 말하는 법이 없다. 무슨 부탁을 하든지 된다고만 하지 안된다고 말하는 법이 없다. 그래서 일이 이루어지

인도사람들은 비율적으로 다리가 임청 긴 편이다. 그래서인지 변기의 위치가 우리나라보다는 매우 높게 달려있다. 좋은 변소에서는 손을 씻고 나면 종이를 주는 사람이 있다. 그럼 돈을 주어야 한다. 피곤할 땐 그 사람은 변소바닥에서 웅크리고 자고 있었다. 인도인의 직업분담은 지극히 세분화 되어있다. 테이블을 닦는 사람(수드라 계급)과 바닥을 치우는 사람(불가촉천민)이 다르다. 깨끗이 바닥을 치워놓은 그 위에 곧 테이블 위의 더러운 것들을 내버리곤 한다.

지 않으면 그냥 알아새겨야 한다. 안된 일에 대해 항의해봐야 소용이 없다. 즉 그들이 말하는 "옛스"의 "노"적인 측면을 미리 알아차리지 못한 놈만 바보가 되는 것이다. 그리고 인도인들에게는 예로부터 논리학이 발달해서 그런지 어떤 경우에도 현상을 있는 그대로 말하는 법이 없다. 반드시 자기에게 유리하도록 변명을 한다. 자신의 오류를 인정한다는 것은 인도인들에게 기대할 수 없는 미덕이다. 예를 들면, 미화 1500불을 100루삐권으로 다 바꾼다는 것은 좀 끔찍한 일이다. 그래서 500루삐권으로 바꿔줄 수 없냐고 사채업자에게 물었다. 500루삐권을 구할 수가 없으면, 미안하지만 1500불에 해당되는 500루삐권은 구할 수가 없다는 한마디면 아주 간단히 끝나는 대답이다. 그런데 그 사채업자는 장황하게 몇 십분을 설명하는 것이다. 500루삐권을 들고 다니면 오해를 받게 되고, 시골에 가면 쓸 수가 없으며, 또 일일이 번호를 적고 그러기 때문에 시간이 지체되며, 또 100루삐가 쓰기에 간편하며, 거스름 돈을 받을 일이 적어져서 좋고… 그래서 나를 위해서 100루삐권으로 일부러 준다는 것이다. 이런 것이 소위 말하는 "인도의 논리학"인 것이다. 러시아 성 페테르스부르크 학파의 거장 스체르바츠키(F. Th. Stcherbatsky)가 『불교논리학』(*Buddhist Logic*)이라는 책에서[74] 소개하는 다양한 인도학파들의 논리학이 이러한 인도인의 성향과 관련된 것일까? 그런데 나를 경악시킨 것은 이러한 논리학의 문제가 아니다. 100루삐권(우리나라 돈 3000원 정도에 해당)을 100장씩 묶은 돈뭉치에 관한 것이다.

나는 인도를 여행하면서 인도의 지폐가 모두 매우 너덜너덜하게 닳아있거나 부분이 꼭 찢어져 있는 사실을 좀 이상하게 생각했다. 지폐의 왼쪽의 중앙부 부분이 항상 구멍이 나있거나 찢어져 있거나 한 것이다. 그런데 또 환장할 노릇은, 자기들이 그런 돈을 나에게 주고는 또 찢어진 돈은 잘 안 받으려 하니 산통인 것이다. 이러한 문제에 대한 골똘한 나의 추리과정을 단절시켜준 경악할 만한 사건이 일어났다.

은행에서 보통 돈뭉치를 내줄 때, 우리나라에서는 백매를 질긴 종이끈으로 싹 돌려 묶어 버리고는 옆에다가 조그마한 도장을 하나 꾹 찍으면 만사가 오케이다. 그러면 누구든지 천원권 백매가 묶인, 은행도장이 찍힌 뭉치가 10만원으로 통용되는 데 아무런 의심을 하지 않는다. 이것은 우리나라가 잘 살 때이든, 못살 때이든, 내 기억으로는 항상 그러했다. 만원짜리 백매를 묶어도 은행도장만 찍혀 있으면 의심없이 불편없이 100만원 뭉치를 주고받는다. 그것을 일일이 다 세어보는 사람은 없을 것이다. 그런데 이러한 우리나라의 평상적 윤리가 하나의 기적이라는 놀라운 사실을 인도에서 발견하게 된 것이다. 중간 허리를 그냥 돌려 매놓은 끈으로는 도저히 100장이라는 보장이 설 수가 없는 것이다. 당연히 유통과정에서 몇 장을 빼먹게 되는 것이다. 그래서 인도에서는 은행에서 나오는 모든 100장 돈뭉치가 어마어마한 두꺼운 호치키스로 세 번이 꼭 찍혀있고 그 스테이플 철사 위로 은행이 보장한다는 보증서가 풀로 발라져 있는 것이다. 그 스테이플이 매우 단단하게 박혀있기 때문에 그것을 돌려 떼어내는 과정에서 반드시 지폐가 상하게 되어있는 것이다. 스테이플이 찍힌 돈뭉치! 이것이 인도의 현실이었다. 사회윤리의 보편적 기저가 결여되어 있는 것이다. 인도의 청년 싯달타의 고민도 아마 이 스테이플이 찍힌 돈뭉치와 분명 관련이 있을 것이다. 내가 바꾸고자 했던 미화에 해당되는 돈뭉치는 수북했다. 나는 그것을 배낭에 가득 담아 실어날러야 했던 것이다.

돈뭉치를 배낭에 걸머메고 네팔로 가는 길에 소달구지를 몰고가는 인도농부의 평화로운 모습을 잡았다. 인도인은 잘 생긴 사람이 많고 자태가 여유롭고 깊이가 있다. 『닥터 지바고』의 오마 샤리프를 연상케 하는 모습이었다. 아무래도 해탈은 이들에게 더 어울리는 말 같았다.

보드베가스의 세자매

　　보드베가스의 아침 겸 점심은 날 무척 행복하게 만들었다. 오랜만에 먹어보는 밥·국·김치였다. 너무도 단순한 식단이었지만, 너무도 행복한 식단이었다. 남군은 여행동안 보플거리는 남방의 알랑미를 아주 못견뎌 했다. 나는 중국에 오래 살았기 때문에 기름기 없는 쌀의 묘미를 잘 안다. 그런데 남군은 계속 선 밥을 먹으니까 속이 불편하다고 했다. 그래서 보드베가스의 딸들에게 쌀 물을 좀 많이 넣고 오래 푹 삶아보라고 했다. 그랬더니 알랑미인데도 불구하고 한국의 쌀밥처럼 푹 익은 쌀밥이 탄생되었던 것이다. 남군은 좀 진 듯한 밥을 먹으면서 무척 행복해 했다. 나는 좀 게짐짐했지만 미역국을 실컷 들이키면서 목젖의 카랑한 기운을 쫓아내느라고 안깐힘을 썼다.

보드베가스라는 곳은 우리나라의 인도여행 매니아들의 조직체인 "친구따라 인도가기" 의 사람들에게는 매우 잘 알려진 곳인 모양이었다. 값싸게 한국음식을 먹고 또 묵을 수 있는 곳으로 인기가 높은 곳인 듯 했다. 그런데 그 집에는 어여쁜 세 자매가 있었다. 열여섯살 큰딸 이름이 샬라(Shahla)고, 열네살 둘째딸 이름이 샤바(Shaba)고, 열두살 막내딸 이름이 샤니아(Shania)인데 샤니아에게는 진달레이(Jindalley)라는 어여쁜 한국꽃 이름의 별명이 붙어있다. 샤니아는 한국말을 잘 했고, 한국음식 간을 잘 맞추었다. 이 세 자매가 자기집 옥상에서 부지런히 음식을 만들고 있는 것이다. 보드베가스 옥상과 붙은 옆집의 옥상에는 어린 인도아동들이 가득 있었다. 웬 일이냐고 물어보니까, 바로 옆집 옥상이 학교라는 것이다. 인도의 학교는 대개 초등학교 1학년부터 고등학교 3학년까지 조그마한 한 건물에 다 들어가 있다. 선생님도 한 명에서 많아야 세 명 정도다. 그리고 그들은 옥외에서 조례를 많이 한다. 그리고 암송을 많이 한다. 바라문의 전통을 아직도 이어가고 있는

왼쪽으로부터 샤바, 샬라, 진달레이. 세딸은 옥상에서 부지런히 일하고 있었고, 부모와 할머니 할아버지는 하는 일없이 『꾸란』만 암송하고 있는듯 했다.

것이다. 나는 인도여행을 하면서 학교를 방문하여 학생들과 많은 시간을 가졌다. 선생님이나 학생이나 수업도중인데도 나 같은 침입자에 대하여 매우 호의적이었다. 나는 어린 시절의 향수를 느꼈다. 그리고 학창시절에 일본에서 본 『니쥬우욘

보드베가스 옆집 옥상의
학교, 아침조례시간

노 히토미』(二十四の瞳)라는 아름다운 영화를 상기해냈다. 그 제
목은 "24개의 눈동자"라는 뜻인데 전전(戰前) 일본 시코쿠 어느
시골의 12명의 학생을 거느린 한 교사의 생애를 그린 명화였다.

세 자매 보고 학교다닐 나인데 학교는 안 가냐고 물었더니 집에
손님이 많이 오면 학교엘 안 가고 손님이 적으면 번갈아 학교에
간다는 것이다. 지식보다 삶이 우선인 것이다. 그런 식으로 학교
를 다녀도 그들은 일체의 스트레스를 받지 않는 것 같았다. 세 자
매의 모습은 너무도 보기 좋았다. 자매들이 협심해서 노동하고 자
력으로 가정을 꾸려가는 그런 모습을 우리나라 어디에서 지금 볼
수 있단 말인가? 모두 입시 스트레스에 쩔은 아파트의 공주님들밖
에 더 있는가?

나는 보드베가스에서 목을 축이고 난 후, 새로운 거처를 찾았다. 수자타호텔 값이 환불 안될 것이 뻔한 마당엔 그냥 포기하고 돈을 새로 주고서라도, 난 돌의 한기로부터는 피신을 해야만 했다. 비싼 집부터 싼 집까지 보드가야 시내 호텔·여관을 샅샅이 뒤졌으나 마땅한 방이 없었다. 남향은 오히려 가리는 방향으로 모두 설계가 되어 있었고 그나마 만만한 방은 모두 예약완료였다. 그러던 중, 바로 수자타호텔 옆에 샨띠 게스트 하우스(Shanti Guest House)라는 것이 눈에 띄었다. 이층에 허름한 남향방이 있었고 다 낡아빠졌지만 양탄자가 깔려있어 한기를 막아주었다. 하루 350루피라고 했다. 우리 돈으로 만원 정도였다. 오케이! 나는 수자타호텔의 좋은 담요들을 몰래 들고 나왔다. 그리고 샨띠 게스트 하우스의 양광이 비쳐들어오는 여인숙방에서 낮잠을 실컷 잤다. 오후 3시경, 남군의 노크 소리에 눈을 떴다. 자고만 있을 수가 없다는 것이다. 우리는 우선 티벹궁으로 갔다. 그곳에서 우리는 드디어 미스타 타클라(Mr. Tenzin Taklha)를 만나는 데 성공했다. 타클라는 달라이라마의 바로 윗형 롭상 삼텐(Lobsang Samten)의 아들이었다. 롭상 삼텐은 달라이라마보다 세살 위의 형이었는데 달라이라마보다 앞서 그들의 고향 탁처(Taktser)에서 멀지 않은 쿰붐(Kumbum) 사원으로 출가를 했다. 그런데 나중에 환속을 했고 달라이라마의 정치적 고난의 동반자로서 활약하다가 인도에서 울화병으로 세상을 떴다. 54세였다. 그들의 어머니는 매우 훌륭한 인품의 여인이었는데 돌아가시기 전에 아들 중에서 누굴 가장 좋아했냐고 여쭈었더니 롭상 삼텐이었다고 말하셨다는 것이다.[75]

타클라는 매우 늠름한 청년이었다. 이목구비가 정말 잘생긴 티벹청년이었다. 그는 인도와 미국에서 공부했다 하는데, 현재 달라이라마의 개인비서로서 활약하고 있는 것이다. 타클라로부터 우리는 달라이라마의 도착을 확인했다. 다행스럽게 타클라는 자툴대사의 전갈을 받았고 우리의 만남을 위해 최선을 다하겠다고 약속했다. 내일 10시에 다시 와달라고 했다.

초전법륜지에서
야외법회 중인
티벹스님들.
동네개도
법회에 참석 중

수자타의 마을, 우루벨라의 정경

우리는 차를 타고 다시 나이란쟈나강을 건넜다. 원시경전에 우루벨라라는 이름으로 나오고 있는 수자타의 마을을 가보기 위해서였다. 수자타의 마을을 들어서자마자 나는 무엇인가 포근한 고향의 품에 돌아온 것 같은 느낌을 받았다. 태고적부터 같은 탯줄로 이어져 내려왔던 어떤 동포(同胞)의 숨결이라고나 할까? 사방에 어린 아이들이 내가 어릴 때 놀았던 것과 똑같은 "자치기"를 하고 있었고, 또 한구텡이에서는 제기를 차고 있었다. 동네 아낙들이 모여서 탈곡을 하고 있는 모습이 어쩌면 내가 어렸을 때 보았던 너무도 나의 고향같이만 느껴지는 유족한 농촌의 풍경이었다. 둥글둥글 거대하게 쌓아놓은 짚더미 사이로 우리나라 토종과 똑같이 생긴 황소들이 음메하고 있었고, 할아버지들은 우리와 똑같은 방식으로 짚새기를 꼬으고 있었다. 이러한 풍요로운 인심 속

에서 수자타의 유미죽도 탄생되었을 것이다.

나는 김수로왕의 무덤에 있는 특이한 쌍어문, 물고기 두 마리가 마주보고 있는 그 문양이 아요댜(Ayodhya, 阿踰陁國)지역에서 지금도 흔하게 발견된다는 사실을 들어 『가락국기』의 허왕후(許王后) 설화의 진실성을 논증한 김병모교수님의 주장은 천번만번 타당한 이야기라고 생각되었다. 가야는 당대의 조선반도 어느 나라보다도 선진의 철기문명을 보유하고 있었으며, 한(漢)제국의 문물도 일찍 받아들였으며, 인도와도 직접적인 교류를 통해 어떤 해상의 대제국을 건설한 특이한 나라라고 생각되는 것이다. 『니혼쇼키』(日本書紀)의 자료에 의하여 이 가야지역에 일본 고대 야마토 조정의 미마나니혼후(任那日本府)가 있었다고 하지만, 오히려 이러한 사료는 역으로 가야가 고대일본열도에 방대한 식민지를 개척했으며 활발한 문화교류를 한 매우 개방적이고 진취적인 성격의 문명이었음을 방증하는 것이다. 정확한 사료의 고증을 요하는 신중한 문제이지만 가야라는 문명의 특이한 성격은, 오늘날까지도 부산지역 사람들의 신바람, 그리고 개방적이고 진취적인 성격으로도 잘 입증이 되는 것이다. 그리고 부산지역이 아직도 민중들의 불교에 대한 향심이 지극하다는 사실도 결코 우연으로 돌릴 수만은 없는 일일 것이다.

우리는 수자타 집터가 있었다는 동산에서 아주 영어를 썩 잘하는 귀여운 꼬마를 알게 되었다. 우리는 아눕 꾸마르(Anup Kumar)

수자타 동생

라는 이 소년의 별명을 "수자타동생"이라고 지었다. 나는 이 날 오후 늦게라도 법륜 스님이 계신 수자타 아카데미(Sujata Academy)를 들려올 생각이었다. 수자타동생이 마침 수자타 아카데미 가는 길을 잘 알고 있다는 것이었다. 그러나 우리의 운전사 고삐는 매우 신중한 사람이었다. 밤이 늦어지면 이 지역에서 산길을 다닌다는 것은 매우 위험하다는 것이다. 우리 차가 토요타이기 때문에 눈에 잘 띄고 외국인이라는 것이 완연해서 곧 낙살리떼(naxalite, 산적)의 공격타게트가 된다는 것이다. 여기는 비하르(Bihar)다. 우리는 밴디트 퀸(Bandit Queen) 푸란 데비(Phoolan Devi)의 고향에 와있는 것이다. 이러한 처지는 혜초스님의 여로에도 동일한 상황이었던 모양이다.

> 도로에는 도적이 많다. 물건을 빼앗고는 곧 놓아주며 다치거나
> 죽이지는 않는다. 만약 물건을 아끼다가는 다치는 수도 있다.[76)]

우리는 고삐의 말을 듣기로 했다. 그리고 수자타동생 보고 내일 아침에 수자타호텔로 와달라고 했다. 꼬마는 기꺼이 응락했다. 나는 저녁 7시에 일찍 잠자리에 들었다. 오랜 여행으로 지쳐있었고 감기기운이 골치를 띵하게 했다. 수자타호텔로 들어간 것이 아니라 샨띠여인숙으로 들어갔다. 수자타호텔의 한기가 으시시하게만 느껴졌기 때문이었다. 나는 아무리 아파도 약을 먹지 않는다. 그

수자타 마을에서
새끼 꼬는 할아버지.
우리의 일상생활과
너무도 같은 모습이다.
혁명의 와중 속에서도
한시도 쉬지않고
새끼 꼬으며 생활하신
해월 최시형선생 생각이 났다.

런데 하는 수 없이 나는 콘택600을 꾹 삼켰다. 달라이라마를 건강
한 모습으로 만나야 한다는 강박관념 때문에… 싯달타에게 빌었
다. 오옴~ 이리띠 이실리 슈로다 비샤야 비샤야, 제발 오늘밤 감
기가 떨어지게 하옵소서. 스바하~.

　눈을 떴다. 몸에 땀이 흘러 속옷이 젖었다. 하룻밤을 늘어지게
잤으려니, 아침이려니, 그리고 이젠 감기가 떨어졌으려니 했는데
낡아빠진 양탄자의 불결한 내음새 속에서 확인된 시간은 겨우 밤
10시였다. 난 3시간밖에 자질 못했다. 그리고 계속 잠만 자고 식사
를 하지 않았기 때문에 허기가 느껴졌다. 무슨 우동국물 같은 것
이 먹고 싶었다. 갑자기 티벹인들이 운영하는 천막촌 식당가 광경
이 떠올랐다. 그곳에서 암도(Amdo)라는 이름의 포장마차집을 보

았기 때문이었다. 암도는 달라이라마의 고향이었다. 그리고 그곳은 한국수제비와 유사한 수제비음식으로 유명하다는 말이 생각났다. 나는 룸비니의 티벹사원에서 수제비를 맛있게 만들고 있는 광경을 목격하고, 그 수제비 좀 얻어먹으려다 실패했던 쓰라린 경험이 있다. 먹고 싶으니 한 그릇 떠줄 수 없느냐고 하니깐, 스님들 다 드시고 난 다음에야 보시를 하겠다는 것이다. 난 수제비 한 그릇 얻어먹기 위해 1시간 가량을 지체할 수 있는 시간적 여유가 없었다. 그냥 입맛을 다시며 룸비니를 떠나야 했다.

티벹의학의 현장.
약초파는 티벹 할아버지.
우리와 비슷한
의학전통을 지니고 있다.

암도라는 천막집

이군과 남군을 데리고 나는 암도라는 천막촌 식당에 들어섰다. 늦은 시간인데 사람들이 바글거리고 있는 모습에 좀 놀랐다. 나는 음식만은 깨끗하게 먹어야 한다는 강박관념 때문에 인도여행을 통해 최고급 레스토랑만을 고집했다. 대개 5성급 호텔에 속한 식당들이었다. 평균 한끼에 2천루삐 정도가 소요되었다. 그런데 내가 충격을 받은 사실은 암도식당내의 모든 메뉴가 10루삐 전후라는 사실이었다. 한끼가 10루삐로 해결될 수 있다니! 신라호텔 최고급식당과 서울 뒷골목 포장마차집의 가격의 차이가 심하다 해도 2000 : 10이라는 차이는 상상할 수가 없는 것이다. 나는 고급레스토랑만 고집했던 나의 아집을 후회했다. 2000 : 10이라는 숫자가 중요한 것이 아니라 살아있는 인도인들의 현실적 모습을 나는 간과하고 있었다는 사실에 대한 송구스러운 느낌이 들었던 것이다. 암도식당은 아주 라이브러리했다. 생기가 넘쳤다. 인도인들은 평상적으로 한끼를 10루삐로 때우고 있는 것이다. 10루삐로 나오는 음식과 2000루삐로 나오는 음식의 수준은 별반 차이가 없었다. 루 쉰(魯迅)의 말씀대로 "차뿌뚜어"(差不多)였다.

바글거리는 싸구려 포장마차집! 풍경은 동종의 것이지만 한국의 그것과 인도의 그것은 매우 큰 차이가 있다. 우리나라의 바글거리는 식당엘 가면 품격의 고하를 막론하고 반드시 뿌얀 담배연기에 여기저기 쇠주잔이나 맥주잔이 놓이게 마련이다. 놀라운 사실은 인도인들은 하층 서민으로부터 고위층에 이르기까지 대체적으로 술·담배를 하지 않는다는 것이다. 노동자계급들도 피곤을 "짜이"(cāy)라는 차로 달래지 쇠주를 들이키는 습속이 없다.[77] 담배에 해당되는 것도 빤(paan)이라는 습관성의 식물인데,[78] 대만사람들이 즐겨먹는 삔랑(檳榔)과도 비슷한 것이다. 하여튼 인도인들의 삶에는 술·담배가 없다는 것이 우리네 삶의 상식으로 보면 참 건전하게 보인다. 이슬람과 힌두이즘 모두 서구적인 바카스 문화에 오염되질 않았다. 인도인들은 한국인들이 술·담배로 보내는 시간을 종교적 명상이나 한담으로 보낸다. 평화로운 농촌에서 동네 장로들이 모여있는 모습도 술잔을 기울이거나 장기를 두는 것이 아니라, 짜이 잔을

이것이 고속도로 휴게실이라 할 수 있는 것이다. 위에 주렁주렁 매달린 것이 빤이다. 밤새 달려야 했던, 카주라호로 가는 지루한 여정에서.

기울이며 한담을 즐기는 모습이었다. 최다의 신도를 보유하고 있는 한국인의 종교는 기독교도 아니요, 불교도 아니다. 한국인의 최고의 종교는 술이요, 바카스(酒神)다. 사실 대한민국은 바카스 공화국인 것이다.

황토빛의 흙내음새가 물씬 배어나오는 듯한 건강한 몽골리안 얼굴의 한 가족의 모습이 눈에 띄었다. 그들은 내 옆에 자리잡고

있었다. 그런데 간간이 중국말이 새어나오는 것이다. 나는 잽싸게 말을 걸었다.

"그대들은 중국사람입니까? 티벹사람입니까?"

난 티벹사람들과 많은 진지한 대화를 나누고 싶었지만 그럴 기회가 없었다. 언어장벽이 큰 문제였다. 일반인들은 영어를 못했고, 나는 또 티벹말을 못했다. 그런데 난 중국말이라면 편하게 소통할 수 있었다.

"우리는 라사에서 온 티벹인입니다."

짜이를 다리고 있는 노점상. 뒤에는 빤이 매달려 있고 옆에는 달걀이 쌓여 있다. 짜이를 보통 삶은 계란과 먹는다. 똑같은 짜이가 여기서는 2루삐, 공항에서는 150루삐. 서민들의 삶은 최소한의 돈으로도 건강한 삶이 유지될 수 있는 것 같았다. 아그라 시장에서

"티벹에서 어떻게 오셨습니까?"

"우리는 칼라차크라에 참여하려고 왔습니다."

내 말의 포인트를 잘 캣취하지 못한 듯했다. "어떻게 왔냐"는 나의 질문은 티벹은 작금 중국인의 압제 속에서 신음하고 있을 터인데 어떻게 이렇게 일가족이 자유롭게 빠져나올 수 있는가에 대한 의구심에서 우러나왔던 것이다.

"티벹은 아주 자유롭습니다. 우리는 여권(護照)을 받아서 여행하고 있는 것입니다."

그들은 중화인민공화국내의 시짱쯔즈취(西藏自治區)의[79] 모습에 대해서 아주 자랑스러운 듯한 확신을 가지고 있는 것처럼 보였다. 그것은 경직되고 위장된 가식의 말이 아니라, 참으로 그렇게 생각하고 있는 것처럼 자연스럽게 말했던 것이다. 나는 저으기 놀랐다.

"달라이라마가 계시던 티벹보다 중국인의 지배를 받고 있는 지금이 더 좋다는 말입니까?"

"물론이지요. 옛날보다 모든 것이 훨씬 더 좋아졌습니다. 사는데 큰 불편이 없습니다."

나의 충격은 배가 되었다. 여기 "훨씬 더 좋아졌다"는 표현은 중국말로 하면 "하오 더 뚜어"(好得多)라는 말이다. 그들은 30대 초반의 부부였다. 다시 말해서 이들은 이들의 부모가 겪은, 달라이라마의 삶의 역정이 보여주고 있는 그러한 고난이 피부로 와닿고 있질 않은 것이다. 그리고 그들의 삶은 물질적 풍요 속으로 점점 용해되어 가고 있는 것이다. 중국인들은 1959년의 라사침공(이로써 달라이라마는 인도로 망명)을 "민주개혁" 혹은 "티벹혁명"이라고 부른다. 내가 만난 이들은 물론 민주개혁 이후에 태어난 신세대들이다.

　때마침 수제비가 내 식탁 위에 놓였는데, 인도에서 처음으로 구경하는 소고기국물이었다. 인도인들은 소고기를 먹지 않는다. 그런데 티벹인들은 철저한 불교국가임에도 불구하고 육식을 즐긴다. 고원지대이기 때문에 채소·곡물의 경작이 한계가 있는 것이다. 고원의 풀을 뜯어먹고 자라는 가축의 고기를 아니 먹을 수 없다. 그것은 계율이기 전에 생존의 문제다. 티벹의 승려들은 육식의 금기가 없다. 수제비는 분명 수제비였으나, 국물이 내 입맛엔 너무 걸쭉했고, 시앙차이(香菜, 고소)류의 향신료의 냄새가 너무 강했다. 내가 수제비를 즐기지 않는 것을 보더니 그 티벹부부들이 말하는 것이었다.

　"라사에 한번 놀러 오세요. 여기 하고는 비교도 안됩니다. 엄청 맛있는 것이 많아요. 맛있는 중국음식도 많고, 티벹식 니우르어우

미엔(牛肉麵)도 많고, 포탈라궁 앞에도 좋은 음식점이 즐비합니다."

중국인들의 동화정책은 분명 성공하고 있는 것이다. 자기 아이덴티티의 상실과 물질적 풍요의 갈등은 제국주의적 자본주의 물결 속에서 고통받고 있는 모든 국가들의 공통된 문제이다. 그러나 인간은 간사스럽게도 자기존재의 도덕성을 상실할지언정, 물질적 풍요와 타락으로부터 자신을 방비하는 능력이 박약하다. 세계의 지붕, 고고한 고독 속에 고결하게 지내던 티벹, 이제 고속도로의 풍진에 휩싸이고 원자력발전의 기지가 되고 핵폐기물의 매립지로 변모해가면서 인민에게는 물질적 풍요와 민주의 타락이 선사되고 있는 것이다.

어저께 보드베가스에서 있던 일이다. 우리 식탁 옆에는 아주 명랑하고 맹랑하게 생긴 성신여대생 한 명이 자리잡고 있었다. 그녀는 티벹의 라사를 다녀서 인도로 넘어왔다고 했다. 그런데 매우 재미있는 일화를 그 학생으로부터 듣게 되었다. 티벹여행을 하는데 우연스럽게 일본의 멀쑥한 대학생 청년 두명과 함께 내내 동반여행을 하게 되었다는 것이다. 열차간에서 갑자기 한 일본청년이 묻더라는 것이다.

"저는 정말 이해 못하는 게 있는데요, 왜 만나는 한국사람마다 암암리에 일본사람들을 적대시하는지 모르겠어요. 왜 한국사람들은 그렇게 일본사람들을 싫어하죠?"

이때 이 여학생은 돌연하게 그 일본청년을 꿰뚫어지게 쳐다보면서 다음과 같이 말했다.

"그럼, 제가 이해시켜 드리죠."

그 순간 이 여학생은 세차게 그 일본청년의 뺨을 후려쳤다. 갑자기 어이없이 당하게 된 일본인은 화끈해진 뺨을 어루만지면서 다음과 같이 말했다.

"좀, 알 것 같습니다."

나는 그 성신여대생의 용기와 슬기를 격찬했다. 우리는 일본인들에게 이유 없이 갑자기 그렇게 뺨을 맞듯이 당한 것이다. 갑자기 아무 이유없이 구속당하고 짓밟히고 발기발기 찢겨진 것이다. 티벹인들이 중국인들에게 당한 것은 아주 동일한 문제이다. 왜 우리는 지금 우리의 위대한 계몽주의 문학가 이광수를 정죄해야 하고, 왜 그 위대한 시정(詩情)을 우리민족에게 선사한 시인 서정주를 단죄해야 하는가? 아무리 그들의 문학이 위대하다 하더라도 그들의 도덕성으로서는 우리민족의 앞길이 보장될 수 없기 때문이다. 그들을 증오해서가 아니라 그들을 우리 삶의 기준으로 삼을 수는 없다는 것을 확실히 역사에 남겨야 하기 때문이다. 바로 이러한 의식이 우리 조선의 젊은이들에게는 아직도 살아있는 것이다. 그것만이 우리 조선의 희망이다.

티벹의 젊은 부부는 국민학교 4학년쯤 되어 보이는 아들을 데리고 있었고, 그 옆에는 친정동생이 있었다. 엄마의 얼굴은 정말 내가 보던 어린 시절의 건강한 한국여인의 얼굴이었다. 볼이 천도복숭아처럼 발갛게 달아오른 널찍한 광대뼈와 선량한 눈매, 호기심 많은 눈초리… 그런데 이들은 라사에 살면서 아들은 다람살라에 이미 3년째 유학을 시키고 있는 것이다. 물질적 풍요에 안주하는 그들이었지만 그들의 자식의 미래는 썩어가는 라사에 묻어버리고 싶지는 않았던 것이다. 나도 우리나라가 어렵던 시절 미국에서 공부한 사람이라 했고, 자식을 열심히 공부시켜서 꼭 미국으로 유학 보내라고 했다. 지금의 티벹 상황에서는 세상을 넓게 바라보는 것이 매우 중요하다고 했다. 그대들이 이 세상에 지금 할 수 있는 가장 선량한 업은 자식 하나라도 올바르게 교육시키는 일이라고 강조했다. 미래의 티벹은 근대적인 새로운 교육을 받은 일꾼들을 많이 필요하게 될 것이라고 간곡하게 말해주었다. 그들은 꼭 그렇게 되도록 노력하겠다고 응답했다.

마지막으로 나는 달라이라마의 초청으로 여기 보드가야에 오게 된 사람이며 내일 모레면 달라이라마를 친견하게 될 것이라고 말하자 그들의 눈은 휘둥그레졌다. 나는 사실 뭄바이 엘레판타(Elephanta) 사원 입구에서 산 싸구려 빵떡모자를 썼고 몇 년 전 삼

성의 초청으로 베세토 어드벤쳐를 따라갔을 때 얻은 등산조끼를
입고 있었기 때문에 행색이 매우 초라했지만, 그들은 나의 말을
액면 그대로 다 받아들였다. 그들은 갑자기 경탄과 선망의 눈으로
날 바라보았다. 그러면서 나에게 다음과 같이 당부하는 것이었다.

"달라이라마 성하를 뵈오면 꼭 흰 카타(축복의 비단천)를 걸어달
라고 하십시오. 당신의
모든 전생과 금생의 업장
이 소멸될 것입니다."

이렇게 말하는 그들의
선량한 눈에는 어슴프레
한 전구빛에 영롱하게 반
짝이는 눈물이 역력했
다. 이 순간 나는 달라이
라마라는 존재가 티벹인
민들에게 지니는 의미를
깨달았다. 정치적 맥락
과 무관하게 달라이라마
는 그들 삶의 모든 고귀
한 가치의 화신이었고,
그들이 살아가는 희망이
요 존재이유였다.

헤어드레서 엘리자베쓰

　나는 암도식당을 나왔다. 암도 수제비에 좀 실패를 했기 때문에 2차를 시도하기로 했다. 그 옆의 포장마차 문깐에서 한국글씨들을 발견했기 때문이다. 호미 까페(Homy Cafe)라는 간판 밑에는 한국글씨로 "수제비, 빈대떡, 만두, 만두국, 볶음밥, 생선튀김, 감자튀김, 닭고기와 샐러드"라고 쓰여져 있었다. 아무래도 한국사람들의 구미를 좀더 잘 이해하는 곳일 것 같다는 생각이 들었다. 이곳도 식단의 가격은 대체로 10루삐 전후였다. 그런데 이곳은 서양사람들이 우글거렸다. 서양인들은 대체적으로 우리보다 검약하다.

　나는 야채만두와 소고기 수제비를 또 시켰다. 그런데 내 옆을 힐끗 쳐다보니까 세명이 한 테이블을 차지하고 있는데 유창한 영어로 이야기를 나누고 있었다. 한 남자는 동양계 청년이었고, 한 여자는 서양과 인도네시아의 혼혈 정도로 보였다. 그런데 또 한 여자는 브리티쉬 액센트가 섞인 영어를 하는 금발의 미녀였는데 꼭 『셰익스피어 인 러브』에 나오는 귀네쓰 팰트로우(Gwyneth Paltrow)를 연상시켰다. 뭐라 할까 선머슴같이도 보이는데 우아한 품격이 있었다. 세명이 다 완벽한 영어를 구사하는 서양사람들이었다. 나는 귀네쓰 팰트로우 같이 생긴 여자가 먹고 있는 플레이트가 갑자기 먹고 싶어졌다. 감자를 크게 4등분하여 기름에 푹 튀긴 것인데 굵은 소금만 쳐서 먹는 것이었다. 그래서 나는 그 팰트로우에게 그 요리의 이름을 물어보았다. 그러자 이 여자는 이제 또 추가로 시키면 한 시간이 더 걸릴 것이라고 죠크를 하는 것이었다. 이 집은 맛은 있는데 되게 더디게 나온다는 것이었다. 주문받고부터 모든 것을 새로 시작한다고 했다. 나는 슬쩍 궁둥이를 그 여자 쪽으로 붙여놓고 이야기를 시작했다. 외국에 나오면 인간과의 대화처럼 많은 정보를 제공받는 이벤트는 없기 때문이다. 나의 관광의 주력 포인트는 대화다.

이 여자에겐 생긴 대로 우아하게 엘리자베쓰란 이름이 붙어 있었다. 영국 스콧트랜드 출신인데, 런던에서 잘 나가던 헤어드레서였다고 했다. 그리고 후에는 미국으로 이민을 갔고 뉴욕 맨하탄에서 최상급의 헤어드레서로서 유족한 생활을 했다고 했다. 그녀에게서 풍기는 멋은 역시 헤어드레서라는 직업과 관련이 있을 듯 싶었다. 멋의 감각이라 할까?

"헤어드레서의 가장 중요한 삶의 부분은 손님의 비위를 잘 맞추는 것입니다. 그리고 손님의 성격, 그의 인간됨을 직감적으로 파악할 줄 아는 능력이 있어야만 손님이 흡족할 수 있는 헤어의 스타일을 창조할 수 있는 것입니다."

그녀는 매우 프로다웁게 이야기했다.

"당신은 어떻게 티벹불교와 인연을 맺게 되었습니까?"

"우리 헤어드레서는 인간을 아름다웁게 꾸미는 데 헌신하는 사람들입니다. 저는 인간을 아름다웁게 만들려고 노력해왔습니다. 그런데 우리 일과의 주요부분은 앉아있는 손님들의 슬픈 인생이야기를 들어주는 일입니다. 헤어드레서를 하다보면 너무도 많은 사람들이 슬프게 살고 있다는 것을 알 수 있습니다. 부잣집 마나님들일수록 콧대를 드세우며 자랑스럽게 푸념을 늘어놓지만 그들은 고독하고 가련합니다. 그런 얘기들을 가슴 깊이 공감하며 잘 들어줄수록 손님들이 꼬이게 마련입니다. 나는 정말 잘 나갔지요."

"그런데요?"

"어느 날이었습니다. 나는 남이 슬프게 산다고만 생각해봤지 내 인생을 되돌아볼 기회가 없었습니다. 그런데 어떤 손님이 내 얼굴을 쳐다보더니 갑자기 너무 슬픈 얼굴이라고 말했습니다. 그러면서 당신의 문제가 무엇입니까? 하고 진지하게 묻는 것이었습니다. 그런데 그렇게 묻는 그 여자의 얼굴이 광채가 났습니다. 나중에 알고 보니 그 여자는 네팔에 있는 티벹사원에서 오랫동안 수도를 한 사람이었습니다. 그 사람은 사성제를 설하기 시작했습니다. 나는 제1성제를 듣는 순간 이미 딴 사람이 되어버렸습니다."

칸다리야 마하데바
사원의 입구 처마.
앞 그림은
외벽(jangha)전면

그래서 그 여자는 미국에 있던 집과 자동차를 다 팔아버리고 인도로 왔다는 것이었다. 다람살라에 30세에 왔는데 이미 38세가 되었다고 했다. 8년 간의 수도생활을 한 베테랑이었다.

"인도에 와봐야 비로소 인간의 고통의 본질을 깨닫게 됩니다. 인간이 살고 있는 모습이 너무도 터무니없이 불공평한 것입니다. 정말 카르마의 이론의 정당성이 리얼하게 느껴지는 것이지요. 그리고 결국 그러한 모든 인간의 고통을 극복하는 열쇠가 내 마음속에 다 들어있다는 것을 깨닫게 되는 것이지요."

"티벹불교가 뭐가 그렇게 좋습니까? 우리는 기독교를 통해서도 얼마든지 고통으로부터 구원받을 수 있지 않겠습니까?"

"기독교는 인간의 마음에 대한 이해가 부족합니다. 결국 우리가 살아가는데 종교적인 차원을 얘기하지 않더라도 우리는 우리의 마음을 콘트롤할 줄 알아야 합니다. 그리고 우리 마음의 상태를 항상 개선할 줄 알아야 하는 것입니다. 그런데 티벹불교는 인간의 마음을 콘트롤하는 데는 최상입니다. 티벹불교에는 소승과 대승과 밀교, 3승의 전통이 빠짐없이 다 구비되어 있습니다. 그리고 매우 개인적인 사제관계를 통해서 체계적으로 수련의 단계를 확인할 수 있습니다."

"그럼 지금 행복하십니까?"

"물론이지요. 인간에게 있어서 행복이란 그 자체로서 절대적인 기준이 있는 것이 아닙니다. 인간에게 있어서 참으로 중요한 것은 행복해지려는 동기입니다. 나는 여기 와서 그런 동기를 얻었습니다. 최근에도 나의 어머니를 만났는데, 내 몰골은 초라하게 보일지 몰라도, 엄마는 나의 현재 모습이 나의 과거모습보다 더 낫다고 말씀해주셨습니다. 가까운 사람들에게서도 나는 나의 행복을 인정받고 있는 셈이지요."

"달라이라마를 어떻게 생각하십니까?"

"그 분이 옆에 존재한다는 것만으로 우리는 행복합니다. 그의 존재 그 자체가 나의 마음을 편하게 하고, 항상 격려와 영감을 던져주며, 가르침을 줍니다. 겔룩파의 가르침은 신비롭지 않습니다. 인간의 추리능력(reasoning)을 강조합니다. 믿음을 강요하지 않습니다."

"경제적으로는 어떻게 살고 있습니까?"

"인도는 물가가 엄청 쌉니다. 방 하나 빌려 사는 데, 돈 들 것이 없습니다. 8년 전에 판 집값 저축해놓은 것으로 지금까지 그냥 행복하게 살고 있지요…"

나는 수자타호텔이 한기가 심해 비싼 값 들여 빌린 방을 비워두고 옆에 허름한 여인숙에서 자고 있는 아이러니를 그냥 죠크로 얘기했다. 그랬더니 그녀는 금방 호텔열쇠 좀 빌려달라고 했다. 들어가서 목욕 좀 하고 싶다는 것이다. 수도생활은 오래 했어도 문명의 이기는 그리운 모양이었다. 그러나 참 대답하기가 난감했다. 어느 묘령의 여인에게 호텔방을 빌려준다는 것도 그렇고 또 빈방을 두고 거절하는 것 그렇고 나는 대답을 회피한 채 그냥 슬그머니 호미 까페를 나와버리고 말았다. 이날 밤 나는 비교적 평온한 잠을 잘 수 있었다.

2002년 1월 10일 아침, 남군과 이군은 미스터 타클라를 만나러

갔다. 미스터 타클라는 오늘 오후 1시에 달라이라마를 만나 회합을 가질 예정이며 오늘 오후에 오면 정확한 알현시간을 줄 수 있다고 확약했다. 우리는 어차피 오늘 하루가 공백이기 때문에 시타림·전정각산에 자리잡고 있는 수자타 아카데미를 여유있게 다녀오기로 했다. 어제 만난 수자타동생 꾸마르는 예정대로 와주었다.

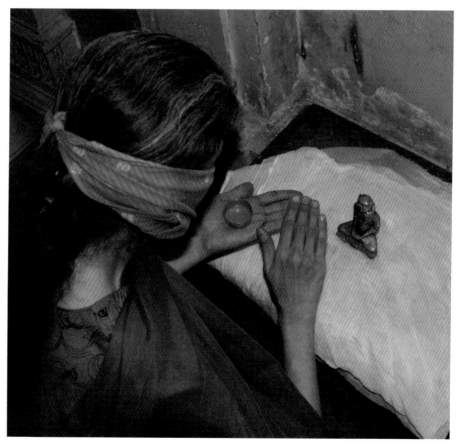

신앙심 깊은 인도여인. 작은 신상을 앞에 놓고 끊임없이 천연염료를 발라가면서 신에 대한 신앙(바크티)을 표시한다. 더러운 육신의 입김이 신에게 닿지 않게 하기 위하여 얼굴을 천으로 가리고 있다. 뭄바이 말라바르 언덕(Malabar Hill) 위에 있는 쟈이나 사원에서.

수자타 아카데미

　수자타 아카데미(Sujata Academy)는 한국의 제이티에스(JTS, Join Together Society)라는 국제복지기관이 1994년 1월에 바로 부처님의 고행지였던 시타림·전정각산 주변 척박한 지역의 주민들을 위하여 개교한 학교다. 제이티에스는 한국의 불교단체인 정토회 산하기관이다. 그런데 정토회는 80년대 초반부터 법륜스님께서 구심점이 되어 이끌어오셨는데, 의식있는 젊은 불자들의 호응이 높을 뿐 아니라, 한국불교의 취약점이라 할 수 있는 사회의식의 빈곤을 매우 조직적으로 극복해나간 훌륭한 사회활동단체로서 평가받고 있다. 80년대 학생운동이 활발했을 때는 그런 사회의 진취적인 흐름과 보조를 같이 했을 뿐 아니라, 90년대에 들어오면서는 그러한 운동의 에너지를 인권·복지·환경의 제문제에 대한 구체적인 사회활동으로 일관성있게 전환시키는데 성공하였다. 특히

재가신도들의 신앙운동을 활발하게 전개하면서도, 그 신앙의 에너지를 단순히 개인의 해탈이나 복락이라고 하는 차원에서 벗어나 대승적인 보살행의 사회적 실천으로 승화시키는 데 크게 성공하고 있는 것이다. 그 산하단체인 한국 제이티에스, 한국불교환경교육원, 좋은 벗들은 모두 복지·환경·인권 분야에서 모범적인 활약을 하고 있다.

내가 보드가야에 온 마당에 그러한 활동의 현장을 한번 안 가본다는 것도 마음에 걸렸다. 싯달타의 고행의 체취도 느껴볼 겸 해서 나는 수자타 아카데미의 문을 두드리기에 이르렀던 것이다. 오후 1시 반경이었다. 그런데 생각보다 문이 높았다. 높은 철문이 꽝 닫혀있었고 안이 잘 안 들여다보일 정도로 담이 높았다. 담 속에

한국인이 지원하는
수자타 아카데미

지어진 건물은 지역의 현실에 비하면 너무 육중했고 위압적이었다. 담 밖과 안의 괴리가 너무 심하게 느껴졌다. 그것은 비하르라는, 극심한 빈곤 속에 문명을 거부하는 배타적인 멘탈리티가 야기시키는 괴리를 극복 못한 채 서있는 화이트 엘레판트와도 같았다. 사실 어떠한 형태의 에반젤리즘(evangelism)이든 그 에반젤리즘을 마음속으로부터 요구치 않는 컴뮤니티에다가 일방적인 선의 기준에 의하여 강행하는 것은 아무리 그것이 보편적인 가치를 지닌다 할지라도 나는 좀 문제가 있다고 생각한다. 그 지역의 주민들은 근원적으로 무지로부터의 탈출이라는 근대적 사회기준을 가지고 있지 않았다. 무지한 채라도 열악한 환경속에서 단지 생존만을 위해서 배타적으로 살고 있는 사람들에게 우리가 생각하는 보편적 선을 가르칠 필요는 없다는 것이 나의 솔직한 생각이다. 세상은,

수자타 아카데미 부근의
인도인 학교

있는 그대로 두어야 할 부분이 분명히 있다. 여여(如如)라는 말로 현상고착적 방임을 다 합리화해서는 아니 되겠지만, 우리는 우리의 사회활동의 보다 효율적인 영역을 개발해야 한다.

남군이 들어가서 알아보니 법륜스님은 정토회 신도들의 여행단을 리드하시기 위해 델리에 가고 안 계셨다. 그리고 여법사님 한 분이 나를 맞이해 주셨다. 그리고 경내의 교육·의료시설을 소개시켜주셨다. 최근에는 정부기관인 한국국제협력단(KOICA)의 도움도 많이 얻었다고 했다. 하여튼 좋은 일이었다. 학생들이 내일모레 있을 개교 8주년 기념행사를 위해 한참 열심히 한국노래도 부르고 부채춤도 추고 있었다.

수자타 아카데미에서 마주보이는 전정각산과 유영굴. 그 유영굴 자리에 티벹사원(흰 건물)이 들어서 있는 것이 보인다.

룸비니의 총각김치

지난 1월 5일 나는 부처님의 탄생지인 룸비니를 가고 있었다. 현재 룸비니는 인도에 있질 않고 네팔에 있다. 그런데 인도에서 네팔국경을 건너는 문제도 그리 만만한 문제가 아니다. 항상 쓸데 없는 번문욕례가 많이 따라 다니기 때문이다. 고락크뿌르 (Gorakhpur)를 아침에 출발하여 네팔국경을 넘어 룸비니에 도착한 것은 오후 2시였다. 우리는 그날로 다시 고락크뿌르로 내려와 쿠시나가르까지 가는 여정을 짜놓았다. 호텔이 모두 예약되어 있기 때문에 스케줄 변경은 항상 막대한 경제적 손실이 있기 마련이다. 그런데 나는 네팔에 있는 카필라바스투를 꼭 둘러보고 싶었다. 그곳에 가봐야만 나는 원시불교의 많은 문제에 관한 나의 사색의 확고한 실마리를 얻을 수 있다고 판단했기 때문이었다. 남군과 이군은 네팔의 카필라바스투를 들르는 것은, 당일 네팔국경을

달라이라마와 토올의 망명(2)

넘기로 작정한다면, 무리한 계획이라고 말했다. 그러나 나는 카필라바스투 가는 것을 강행했다. 룸비니를 급히 떠나 내가 전속력으로 달려 카필라바스투에 도착한 것은 오후 4시였다. 스케줄이 절박했지만 나는 후회없는 강행이라고 생각했다. 나는 요번 인도여행에서 네팔 카필라바스투의 아무도 없는 빈 성터에서 가장 큰 영감을 받았다. 그리고 청년 싯달타가 반가좌사유의 고민 끝에 카필라의 동문을 나서는 외로운 고행길의 현장을 역력하게 목격했다. 나는 그곳에서 인간 싯달타를 생생한 모습으로 만났다. 그리고 카필라성 고타마족에 대한 모든 역사적 논의에 대한 중요한 통찰을 얻었다. 나는 급히 다시 룸비니로 돌아와야 했다. 네팔 국경을 넘는 길은 다시 룸비니를 거쳐가야 했기 때문이었다. 룸비니를 다시 지나게 된 것은 저녁 6시 반경이었다. 어두웠다. 그런데 배가 몹시 고팠다. 그런데 아까 룸비니의 티벹사원에서 만난 어느 초등학교 여교사의 암시적 한마디가 계속 뇌리를 감돌았다. 룸비니에는 대성석가사(大聖釋迦寺)라는 한국절이 있는데, 그곳에 가면 맛있는 총각김치가 있다는 것이다. 나는 뭄바이에서 아라비아해의 아침 햇살을 본 이후로 단 한번 한국음식을 입에 댄 적이 없었다. 총각김치, 총각김치, 흰 쌀밥, 된장찌개… 룸비니를 지나가는데 계속 혓바닥에선 군침이 돌았다. 남군과 이군은 지금 도저히 지체할 수가 없다고 했다. 오늘 8시 전에 국경을 넘어야 한다는 것이다. 시간이 늦으면 출입국관리소가 다 문을 닫아버린다고 했다. 하는 수 없이 끽소리 못하고 나는 룸비니를 그냥 지나쳐야 했다. 한참을 지났을 때였다. 나는 갑자기 소리쳤다.

카필라바스투의 성터. 그리고 싯달타가 출가했다는 동문의 성벽(아랫그림)이 남아 있다. 카필라성은 우리의 예상과는 달리 동서 400m, 남북 50m 밖에 되지 않는 작은 규모의 성이다. 기껏해야 순천 벌교 낙안성보다 조금 더 큰 규모일 뿐이다. 따라서 호화로운 삶을 산 싯달타 왕자의 모습은 완벽한 픽션에 불과하다. 그러나 고타마가 히말라야 산 중턱의 고산종족이라는 말은 있을 수 없다. 카필라성으로 가는 길(앞페이지)은 끊임없이 펼쳐지는 광활한 벌판이요 비옥한 농토였다. 따라서 카필라성은 작더라도 충분한 하부구조를 확보할 수 있었을 것이다.

"무조건 이 차를 돌려 대성석가사에 대라!"

죽으면 죽었지 우리 총각김치나 한번 먹고 가자! 오늘 국경을 못넘으면 내일 넘지! 호텔값이야 날리면 그뿐 아닌가? 서울 강남 서초구 끝자락에 우면산이라는 유서 깊은 산이 있다. 그 밑에 예술의 전당이 자리잡고 있다는 것은 우리 모두가 알고 있다. 그런데 예술의 전당 뒤쪽으로 돌아 산허리를 올라가면 대성사(大聖寺)라는 절이 있다. 그 절은 바로 백제에 불교가 초전된 터에 세워진 사찰인데 그 대성사에는 도문(道文)스님이라는 도력이 고매하고 행보의 스케일이 매우 크신 스님이 주석하고 계시다. 그 도문스님 문하에서 아까 말한 법륜스님, 그리고 법성스님, 보광스님과 같은 훌륭한 스님들이 배출되었다. 그런데 룸비니의 대성석가사는 도문스님 문하에서 이루어진 사찰이라는 정보를 나는 가지고 있었다. 도문스님은 일찍이 불교의 발상지인 인도문명에 대하여 매우 선각자적인 통찰을 가지고 계신 분이었고, 인도유학생들도 많이 후원하신 분이었다. 도문의 문하라면 내가 들러 푸대접받을 일은 없을 것이다. 난 무엇보다 총각김치 한 접시가 그토록 절박하게 그리웠다.

대성석가사를 들어섰을 때 도문스님의 문하생이며 법륜스님의 도반인 법신(法信)스님이 나를 맞이했다. 그런데 광목 벙거지모자에다 등산조끼를 입은 초라한 나를 법신스님이 알아볼 리 없었다. 그럼에도 불구하고 법신스님은 내가 누구인지도 몰랐지만 만사를 제치고, 이역만리를 떠나온 동포의 손길을 따뜻하게 만져주시면서, 총각김치 한그릇 먹고 싶어서 왔다고 말하는 나를 바로 식당으로 안내했다. 그리고 식당에 불을 밝히고 차분히 내 얼굴을 보시다가 고개를 갸우뚱거리기 시작하셨다. 그때였다. 멀리서 어느 보살님이 달려와서는 가슴이 메지는 감격의 몸짓으로 내 앞에 와서 허리가 땅에 닿도록 절을 하시는 것이었다. 나도 덩달아 가슴이 메지는 것 같았다. 그제서야 법신스님은 날 알아보셨다. 스님은 내 손을 잡고 반가워 어쩔 줄을 모르셨다. 그러더니 당신 방으로 가서 곱게곱게 읽으신 『도올의 금강경 강해』를 들고 나오시더니 이 나의 강해에서 너무도 너무도 큰 감동과 정확한 해석을 얻었다는 것이다. 룸비니 무우수 그늘 아래서 나의 분신, 나의 언어가 담긴 서물을 발견하게 되는 감동은 무엇보다도 시공을 초월하여 교감되는 진리의 힘에 대한 감사로 이어졌다. 금방 대성석가사는 탕아를 맞이한 아버지의 집처럼 축제의 분위기에 휩싸이기 시작했다. 나를 알아보는 많은 사람들이 몰려들었고 재미있는 얘기로 꽃을 피울 때, 나를 알아보신 명선행(明善行) 보살님께서 정성스럽게 만들어주신 따끈한 새 밥과 수북한 총각김치, 열무김치, 양배추김치, 그리고 감자·당근·양배추를 넣어 만든 야채국….

내 인생에서 가장 맛있었던 한 끼라고 단언한다. 감사하옵나이다. 감사하옵나이다. 황천길을 갈 때에도 룸비니 대성석가사의 총각김치가 먹고파서 계속 뒤돌아볼 것이외다.

생과 사의 찰나

수자타 아카데미를 돌아볼 때에도 사실 나는 점심을 먹지 않았다. 그래서 그 여자 법사님께 점심공양은 하셨습니까 하고 오히려 내 쪽에서 슬쩍 떠봤는데, 그 법사님은 다음과 같이 냉랭하게 내뱉는 것이었다.

"11시 반이면 점심공양이 다 끝나요. 학생들에게 무료급식을 하기 때문에 인도식 수제비로 점심을 들지요. 그런데 선생이나 학생이나 모두 똑같이 먹습니다. 예외가 없지요. 지금은 공양시간이 지나 부엌에 사람이 없습니다."

예외가 없다는 말의 여운이 좀 께름직 했다. 그러면서 마당에 널린 배추밭을 보여주면서 다음과 같은 자랑을 늘어놓았다.

"우리 아카데미에서는 배추를 길러 김치를 담궈 먹습니다. 요번에도 김치를 많이 담궜는데 내일 모레 개교기념행사를 치르려고 항아리를 봉해 놓았습니다. 그래서 지금은 김치도 없구만요."

그러면서 자기는 행사가 끝나면 곧 귀국할 것이라고 했다. 6년이나 봉사했기 때문에 이제 귀국해서 고국에서 살고 싶다고 했다. 그래서 나는 이역땅에서 어렵게 지낸 법사님의 노고를 치하했고 후임을 걱정해주었다. 그랬더니 금방 법사님은 다음과 같이 말씀하는 것이었다.

"여기는 사람들이 못와서 안달입니다. 오고 싶은 사람들이 줄줄이 기다리고 있어서 걱정할게 아무것도 없지요."

아주 대단한 일을 하고 있기 때문에 많은 사람이 못와서 걱정인 듯, 엄청난 자부감을 표현하는 것이었다. 나는 잘 알겠다고 인사하곤 수자타 아카데미를 나왔다. 그리곤 그 앞에서 관광객 상대로 팔고 있는 찐 달걀을 배고픈 김에 꾸역꾸역 뱃속에 여러 개 집어넣었다. 그리고 거지들이

카필라성 앞 샤캬족의 동네. 싯달타가 이런 집에서 산 사람이었다면?

달라붙는 산길을 걸어 유영굴을 올라갔다. 그러면서 나는 수첩에
다음과 같이 적었다.

道文之門下,

以法信之恩,

忘法輪之業。

도문의 문하에서

내 법신에게 입은 은혜로써

법륜의 업을 잊으리라!

나에게 선을 베푸는 자에게서보다 나에게 선을 베풀지 못하는
자로부터 더 많은 선을 배운다는 부처님의 말씀을 되새기며 나는
전정각산 능선에 있는 스투파의 폐허들을 되돌아보았다. 시타림
의 대지에서 뿜어대는 각박한 기운으로 전정각산의 쌍봉우리가
뿌옇게 가리웠다. 두어 시간을 헤매다가 내려왔을 때 자원봉사자
라는 어린 학생이 날 계속 기다리고 있다가 법사님께서 짜이나 한
잔 들고 가시라고 날 초대한다는 전갈을 전하는 것이었다. 나는
남군에게 "웅공은 응당한 자리가 아니면 대접받지 아니 한다"고
이르라고 말했다. 남군은 차마 내 말을 그대로 옮기지 못하고, 공
손하게 일정이 바빠 그냥 떠난다고 말씀드려 달라고 말했다. 나는
고삐의 차에 몸을 실었다. 때마침 보드가야를 가야한다는 티벹승
려 두 명이 동승을 원해 같이 태워주었다.

조금 지났을 때였다. 수자타 아카데미에서 멀지 않은 동네의 아주 작은 다리 하나를 지나려할 때였다. 갑자기 동네 어린이들이 떼지어 다리 위에 서서 우리 차를 막았다. 그리고 몽둥이를 든 괴한 같은 놈들이 분홍빛의 통행료 영수증을 내밀며 돈을 내놓으라는 것이었다. 물론 그런 영수증은 모두 가짜다. 강탈인 것이다. 우리 차에는 티벹승려가 두 명이나 타고 있었고, 우리는 수자타 아카데미에서 오는 사람들이었다. 모두 그 동네에 큰 혜택을 주고 있는 기관과 관련된 사람들이다. 나는 수자타 아카데미에서 일보고 오는 사람인데 어떻게 이렇게 대접할 수 있냐 해도 막무가내였다. 나는 차를 확 밀어붙이자고 했다. 신중한 고삐는 절대 그래서는

전정각산에 오르는 길에 즐비하게 앉아있는 거지가족들. 풀 한 포기 없는 그 척박한 느낌이 싯달타의 고행의 리얼리티를 상기시켜준다. 이 부근이 시타림

안된다고 하면서 돈은 달라는 대로 줄 수밖에 없다고 말했다. 나는 갑자기 혜초스님 말씀이 생각났다. "물건을 아끼다가는 다치는 수가 있다." (如若悋物, 卽有損也。) 에헤라! 달라는 대로 주어라!

이러한 사건은 사소한 문제이지만 이 지역에 8년을 봉사해오신 법륜스님의 노고가 그 동네사람들의 윤리체계와 근원적으로 융합되기에는 본질적인 어떤 괴리감이 있다는 것을 방증하는 것이다. 그리고 더더욱 괴로운 문제는 그러한 괴리감이 근원적으로 해소되어야만 할 필연성이 있느냐는 어려운 문명사적 주제와 관련되어 있는 것이다. 우리는 개화·근대화라는 이름 아래서 자행되어온 제국주의의 병폐를 너무도 뼈저리게 절감해왔기 때문이다. 그럼에도 불구하고 법륜스님은 학교뿐만 아니라, 이 지역의 11개의 마을을 대상으로 10개의 마을유치원을 개설하였다. 그밖에도 16개 주변 마을 만여 명의 주민들에게 무료진료를 실시하고 있으며, 또 고학년 학생들을 위한 직업기술학교를 일궈나가고 계셨다. 나는 고우영 만화로 읽은 『천국의 열쇠』의 주인공, 치섬신부의 모습이 생각이 났다.[80]

황혼에 석양이 걸렸을 무렵, 우리는 반가운 소식을 들었다. 이군과 남군이 미스터 타클라를 만난 것이다. 그리고 최종적인 알현시간을 확정했다. 내일 큰 행사가 있는데 그 전에 달라이라마께서 식사를 좀 일찍 끝내신 후 날 만나겠다고 하셨다는 것이다. 궁 앞으로 1시까지 오면 된다고 하였다. 드디어 면담시간이 확정이 된 것이다. 이제 모든 준비가 끝난 것이다. 난 매우 기뻤다. 날뛸 듯이 기뻤다. 난 결코 달라이라마를 내 마음속에 우상처럼 모시는 사람이 아니다. 그러나 한 위대한 인간을 만난다는 것이 그지없이 기뻤다. 하나의 정치적 리더로서 생각을 해도 달라이라마는 20세기로부터 21세기에 걸친 세계의 최장기집권자이다. 1951년 집정하여 2002년에 이르기까지, 그가 만났던 모든 정치적 지도자들,

인도의 풍경 중에서 가장 인도적인 것은 모든 공공뻐스가 반드시 사람으로 새카맣게 덮여 있다는 것이다. 때로는 지붕의 사람 무게로 쓰러질 듯이 기울어져 있으나, 그럼에도 불구하고 엄청난 속도로 질주한다. 그런데도 사람들은 붙잡는 것도 없이 태연하게 앉아 있다. 길은 울퉁불퉁 파여있고…

6·25 피난 때의 차량보다 더 절박하다는 느낌이 들지만 사람들은 아랑곳하지 않는다. 더 재미있는 것은 질주하는 차량에 붙어있는 사람 사이사이로 다니면서 돈을 받는 차장의 모습이다. 스파이더 맨 같다. 기차도 예외는 아니다. 승객들이 매달려 있거나 짐을 주렁주렁 창밖에 매달어 놓기 일쑤다. 자전거가 걸려 있는 모습이 진풍경이다. 옛날 기차 통학하던 시절의 추억들이 되살아났다.

마오, 저우 언라이, 리우 사오치, 주 떠, 네루, 인디라 간디, ……이 모든 사람들이 세상을 떴다. 김일성마저 세상을 뜬 이후에는, 가장 기나긴 시간을 일국의 지도자로서 살고 있는 20세기 인류사의 신화적 존재인 것이다.

나는 이날 수자타 아카데미에서 못얻어먹은 한국음식에 대한 한이 맺혀서 다시 보드베가스엘 갔다. 그런데 너무도 끔찍한 사건의 풍문이 보드가야전역에 퍼지고 있었다. 그것은 정말 소름끼칠 사건이었다. 우리가 느지막하게 보드베가스에 당도했을 때 아직

정확한 사건이 규명되지 않는 상태였기 때문에 불확실한 소문들만 여기저기 들려왔다. 바로 우리가 수자타 아카데미를 떠난 얼마 후에 수자타 아카데미에 강도들이 침입했고, 스님 한 분이 살해되었다는 것이다. 그 스님은 다람살라에 오래 사신 비구니 스님이었는데 매우 성격이 강하고 의협심이 강해서 강도가 들어오자 모두 2층으로 피신을 했는데 혼자 강도들을 상대하러 1층으로 내려갔다는 것이다. 그런데 흉악한 괴한들이 칼로 스님의 팔을 자르고 모가지를 잘랐다는 것이다. 나중에 알고보니 이 소문은 수자타 아카데미에 건축기사로 와 계셨던 부산분 설성봉(46)거사의 피격사망사건이 와전된 것이기는 했으나 당시 나는 이 사건을 확인할 길이 없었다. 괴한들의 칼이 여스님의 목을 자르고 팔을 잘랐다고 전언하는 동국대 여학생의 말을 듣는 순간 내 모가지에 칼이 스치고 내 팔이 잘라 떨어지는 듯한 너무도 스잔한 느낌에 몸을 부르르 떨었다. 그 말을 나에게 전하는 사람들은 나의 상황을 몰랐지만 사실 이 사건은 곧 나에게 닥쳤을지도 모르는 사건이었다. 내가 만약 법사님의 짜이 초대를 응락했고, 또 수자타 아카데미에서 친절하게 김치저녁공양을 나에게 보시했다고 한다면 나는 분명 그 시간에 수자타 아카데미에 있었을 것이다. 그리고 불같은 성격에 참지 못하고 내려갔을 것이다. 나는 운명을 믿지 않지만 정말 이것은 운명으로 돌릴 수밖에 없는 사건이었다. 그리고 무엇보다도 나는 나를 냉랭하게 대했던 그 여자 법사님에게 감사할 수밖에 없었다. 그 여법사는 나의 생명의 은인이었다.

번역과 문명

2002년 1월 11일 운명의 날이 밝았다. 다행스럽게도 걱정스러웠던 감기·몸살은 슬그머니 고개를 숙이고 말았다. 아침, 호텔에 있는 신문들을 들추어보니 어제 수자타 아카데미 살인사건이 사방에 크게 보도되고 있었다. 어젯밤, 수자타호텔을 들어섰을 때 나는 갑자기 부산말을 하는 보살님들 수십 명에게 둘러 싸였다. 나는 우리나라 여자들 중에서 매우 특이한 문화를 가지고 있는 사람들로서 이북에서는 평양여자, 이남에서는 부산여자를 꼽는다. 평양여자들은 대체적으로 잘 생겼고 거침이 없으며 말을 잘한다. 그리고 사람을 제압하는 힘이 있다. 부산여자들도 거침이 없이 말을 잘하며, 옆에 있는 사람들을 공연히 들뜨게 만든다. 부산여자들은 신바람의 소유자들인 것이다. 그리고 개방적이며 애교가 만점이다. 평양여자들은 20세기 우리나라 기독교문화를, 부산여자들은 불교문화를 상징한다.

　그들은 부산의 교사불자회인 청림회(靑林會)라는 단체의 순례객들이었다. 부처님의 8대 성지를 다 돌고 있다고 했다. 그들은 날 둘러싸더니 KBS 도올의 논어이야기에 관한 이야기로 꽃을 피웠다. 하여튼 부산여자들이 모이기만 하면 와짝찌글해지는 것이다. 나보고 계속 다시 강의를 하라했다. 나는 이제 강의는 할 만큼 했으니 내가 강의에서 얘기한 한두 마디라도 삶의 체험 속에서 음미해보는 것이 좋겠다고 했다. 그러던 중, 이들이 무비스님과 같이 온 것을 알게 되었다.

　난 도올서원에서 재생들의 요청으로 우연히 『금강경』을 강의하게 되었고, 그 강의한 내용을 책으로 펴내게 되었다. 집필과정에서 기존의 한글번역서 중에서 참고할 만한 마땅한 책을 찾게 되었다. 그때 만난 책이 무비스님의 『금강경 강의』라는 책이었다.[81]

　우리나라의 불전이나 국학자료를 포함한 고전의 번역에 있어서 가장 큰 문제는 우선 자기가 번역하고 있는 텍스트 그 자체에 대한 치밀한 문헌학적인 연구가 선행되고 있질 않다는 것이다. 문헌학적 해제가 없는 번역은 일차적으로 번역의 자격이 없다. 둘째로 번역자는 반드시 번역의 소이연의 대상이 오늘 여기 살아있는 한국사람이라는 사실을 깊게 깨달아야 한다. 텍스트의 의미체계를 반드시 오늘 여기 살아있는 사람들이 모조리 알아들을 수 있는 의

뉴델리에서 꼭 가봐야 할 곳이 있다. 무굴제국의 제2대 황제 후마윤의 묘 (Humayun's Tomb)이다. 무굴제국의 개조 바부르의 아들인 그는 아버지의 유업을 이어받아 무굴제국의 기초를 닦았고 후에 위대한 성군이 된 어린 아들 아크바르에 게 바톤을 물려주었지만 그의 생애는 거친 풍광에 휩싸였다. 나라를 잃고 방황하다 가 델리를 다시 탈환한 후 1년만에 실족사로 운명하였다. 이 묘는 그의 첫 부인 하지 베감(Haji Begam)의 감독하에 페르시아에서 초청한 건축가 미락 미르자 기야스 (Mirak Mirza Ghiyas)가 설계한 것인데 향후 모든 무굴건축의 조형적 요소를 다 가 지고 있다. 자세히 살펴보면 따즈 마할은 이 후마윤의 묘의 요소들을 발전시킨 것이 다. 이 묘는 완벽하게 대칭되는 4각의 건물이며 4방이 같은 형태의 정원(charbagh) 으로 둘러싸여 있는데, 정원은 32개의 구역으로 나뉘는 수로로 분할되어 있다. 거대 한 건물의 정중앙 돔 지붕 아래에 정팔각형의 홀이 있고 그 곳에 석관이 놓여있다. 시신은 머리가 북쪽으로 가게 남북으로 놓여있고 고개는 메카를 향하여 서쪽으로 돌려져 있다. 서쪽 벽은 메카를 상징하는 오목한 미흐랍(mihrab)의 양태로 되어 있 다. 전구형의 중앙 돔이 여기서 처음 시도되었으며, 그 주변은 우산같이 생긴 차트리 스(chhatris)로 둘러싸여 있다. 이 건물의 원형은 페르시아에서 온 것이지만 무굴의 건축은 어디까지나 힌두전통 속에서 피어난 인도인의 독창적인 양식이다.

이것은 노예왕조의 꾸틉 웃딘 아이바크를 계승한 제2대 왕 일투트미쉬(Iltutmish, r. 1211~1236)의 묘이다. 이 사람이 꾸틉 미나르의 주인이며, 인도에 처음으로 델리 술탄제도를 확립시킨 장본인이다. 징기스칸의 남침을 저지시켰으며, 인도의 전통적 행정과 터키의 군사제도, 꾸란의 법제를 결합시켰다. 이 묘는 무굴제국 훨씬 이전의 인도 이슬람 묘의 양식을 잘 보여준다. 후마윤의 묘나 따즈 마할이나를 막론하고 모든 지상의 묘는 가묘이다. 항상 그 지하실에 진짜 묘가 따로 있다. 이 사진은 돔 아래 홀에 놓여있는 가묘와 지하의 진묘로 내려가는 통로를 동시에 선명하게 보여주고 있다.

미체계로서 전환시켜야 한다는 것이다. 이 전환은 의미의 대응이 아니라, 의미의 반응체계의 상응이 되어야 하는 것이다.[82] 셋째로는, 번역은 철저히 오늘 우리 사이에서 통용되는 한국말로 전달되어야 함에도 불구하고 전문가의 견식으로 볼 때, 번역자가 원문에 완벽하게 충실했다고 하는 그 원전성이 보장되어야 하는 것이다. 그 원전성(原典性)이란 원전의 의미맥락에 대한 다각적 고찰, 의미론적·통사론적·음운학적·역사학적·사회경제사적 제반 고찰을 의미하는 것이다.

한국에서 나오는 번역의 상당수가 일차적으로 판본에 대한 고찰이 없고, 원전의 개념의 나열에 파묻히거나, 그렇지 않으면 되도 않는 자기 공상을 늘어놓거나 한다. 우리말로 정확히 이해될 수 있으면서도 원전의 오리지날한 의미맥락에 충실한 번역, 그러한 번역이 오늘날 우리에게 아쉬운 것이다. 학자의 스칼라십의 이정표는 오로지 번역의 수준에 의하여 결정되는 것이다. 번역을 기피하거나 낮잡아보는 학자는 모두가 "사기꾼"이다. 천만개의 논문보다 단 한권의 원전번역이 그의 스칼라십을 판정할 수 있는 정확한 기준이 되는 것이다. 번역이 없는 학자는 학자가 아니다. 왜냐하면 번역에서 그의 학문의 모든 수준이 노출되기 때문이다. 한국의 많은 학자들은 그러한 노출을 꺼리고 두려워하는 것이다. 즉 뽀로가 나는 것이 무서운 것이다. 이것이 한국의 학자와 일본의 학자의 가장 큰 차이라 말할 수 있다. 일본의 학문은 번역의 학문이라 말해도 과언이 아니다. 그럼에도 불구하고 일본의 학문은 번

인도로 가는 길

역의 학문임을 통해서 세계정상을 달리고 있는 것이다.

　나는 원전의 의미도 충실히 전달하면서도 매우 평이하고 편안
하게 서술되어 있는 책으로서 무비스님의 『금강경 강의』라는 책
을 만났던 것이다. 물론 나는 나의 『금강경 강해』 속에서 무비스
님의 책에 많은 도움을 입었다는 것을 확실하게 밝혀 놓았다. 그
러나 나는 구체적으로 무비스님의 신상에 관해 특별한 관심을 기
울이지 못했다. 부산 범어사에서 여환(如幻)스님을 은사로 출가하
여 해인사강원을 나왔고, 구한말 대유 최익현의 학맥을 이은 한학
자였으며 대학승이었던 탄허스님(呑虛, 1913~1983) 밑에서 열심
히 공부한 분이라는 정도의 간단한 이력만 알고 있었다. 나는 무
비스님이 만나고 싶어졌다. 한국에서 만날려면 많은 시간을 일부
러 소요해야 하는데 여기 보드가야에서 한 호텔에 묵고 있는 터에
모르는 체 지나친다는 것도 예의가 아니었다. 그래서 내편에서 먼
저 청을 넣었다. 무비스님은 그렇지 않아도 날 찾아뵈려던 참이라
는 전갈을 보내왔다. 아침식사 후에 우리는 우연한, 그리고 반가
운 만남의 기회를 가질 수 있었다.

　"처음 뵙습니다."

　"아~ 저는 선생님의 학문을 매우 흠모하고 산 사람입니다. 『동
양학 어떻게 할 것인가』가 나온 이래 선생님의 저술을 단 한 권도
안 빼놓고 다 읽었습니다. 선생님은 절 모르실지 모르지만 전 선

생님을 너무 잘 알지요."

나는 무비스님이 얼굴이 갸름하고 몸집이 호리호리한 매우 이지적인 모습의 스님일 것이라고만 암암리 상상해왔다. 경전번역을 잘 하시는 분들에 대한 통념적 상상일 것이다. 지나치게 스마트한 느낌도 있고…. 그런데 무비스님은 나의 상상과는 달리 거대한 체구에 아주 우람차고 우직한 성품의 소유자였다. 학승이라기보다는 매우 실천적인 도인에 가까운 모습으로 다가왔다. 그리고 날 만나자마자, 아무 것도 재는 것 없이 그냥 솔직하게 나의 학문에 대한 경의를 표하는 그러한 자세에 나는 감복했다.

사실 나는 우리나라에서 8·90년대에 나의 글을 접한 사람들이 정직하게 나의 글에 대한 영향이나 그 글에 대한 객관적 가치를 평가하는 언급을 본 적이 별로 없다. 분명 나의 글을 읽고, 그 글의 양식으로 자라난 학인들도 그들의 논문에 정직하게 내 글 한번 인용하는 예를 본 적이 별로 없다. 그 이유는 매우 간단하다. 내 글에서 정신적인 양식은 얻을지언정 그것을 공표하면 첫째, 자기존재가 나에게 예속되는 듯한 느낌을 받게 되고 둘째, 주변의 모든 사람으로부터 논란이나 공격의 타케트가 되는 가능성이 높아지기 때문이다. 그래서 내 책은 항상 책상 밑에 몰래 숨겨두는 "토라노 마키"(虎の卷)의 신세를 면치 못하는 것이다. 나의 제자들의 이러한 태도에 대해 나는 처음에는 분노했지만, 요즈음은 자비롭게 바라본다. 오죽 내가 그들에게 스트레스를 주었으면 그러하랴! 모

두가 내 업이려니, 내가 거두고 가마. 나는 내 인생을 나의 현존으로 종지부 찍기로 마음먹었다. 모든 것을 내 무덤 속에 한줌의 흙으로 파묻고 말 것이다. 난 제자도 없고 후대에 이름이 남기를 원치도 않는다. 이렇게 생각하니까 너무도 마음이 편해지는 것이었다.

그리고 사람들을 만날 때, 상대방이 나를 평가해준다는 생각을 가지고 만날 수가 없다. 나는 항상 어떻게 하면 김용옥이 이 사회에서 괴멸되는 꼴을 볼까하는 것을 꼰아보는 인간들로만 둘러싸여 있다는 환상 속에서 살 수밖에 없도록 나의 인간 역정이 형성되어 왔기 때문이었다. 사실 이것은 환상일 수도 있지만, 이것은 내가 이 사회에서 얻은 고질이다. 나의 치료하기 어려운 질병이 되어가고 있는 것이다. 그러다가 무비스님 같은 분을 뵈오면 나는 너무도 감격해버린다. 그리고 그 순간 난 무척 후회를 했다. 그럴 줄 알았더라면 내 『금강경 강해』 속에서 무비스님 책에 관해 보다 더 잘 써드릴 것을…

"전 선생님께서 『금강경 강해』 속에서 절 야단치시는 것도 잘 듣고 반성을 했습니다."

좀 가슴 한 구텅이가 폭 쑤셨다.

"사실 제가 『금강경』 등 많은 불전을 번역하게 된 것은 탄허스님의 영향도 크지만, 선생님의 글에서 얻는 영감이 적지 않습니다. 번역에 대한 선생님의 채찍과 격려야말로 아마 우리나라 8·90년대 한국의 학풍을 가장 크게 변화시킨 원동력이 되었다는 것을 부정할 사람은 아무도 없을 것입니다. 무엇보다도 번역에 뜻을 둔 저희 같은 사람들에게는 선생님께서 제시한 구체적인 방법론은 하나의 구원의 빛이었습니다."

아이쿠, 좀 더 잘 써드릴 것을!

"이런 말하면 선생님께서 좋아하실런지 모르겠습니다만, 제가 선생님의 그 많은 책 중에서 가장 좋아한 책이 무엇인지 아십니까?"

침묵이 흘렀다. 내가 대답할 문제는 아니었다.

"『석도화론』이라는 책입니다. 천하의 명저이지요."

난, 그 순간 언젠가 법정스님께서 나의 책 중에서 가장 감명 깊게 읽은 책이 『석도화론』이었다는 말씀을 하셨던 것을 기억해냈다. 석도는 청초(淸初)의 대화가이자 화상(和尙, 스님)이었다.

"선생님이야말로 우리 시대에 불교를 비불자들에게 알아듣기 쉽게 말씀해주신 최고의 포교사이십니다. 우리나라의 지식대중이 불교에 관해 귀를 기울이게 되는 소중한 루트가 선생님의 글과 말씀이라는 사실을 잊지 말아주십시오. 지금 제가 조계종 교육원장 직을 맡고 있습니다만, 우리 교육원의 업무는 선생님이 다 맡아주시고 있는 셈이지요. 핫핫하……"

난 갑자기 일류 포교사가 된 느낌이었다.

"인도여행을 하셨으니까, 저는 믿습니다. 아마도 그 누구도 꿈도 꿀 수 없는 아주 새로운 인도여행기를 쓰실 것이라고. 누구나 쓰는 그런 기행문이 아닌…… 혜초가 못다한 꿈을 이루어 주십시오."

청림회 회원들과, 수자타 호텔 로비에서

스님께서는 정다웁게 내 손을 잡아주셨다. 그리고 다음 순례지로 떠나기 위해 로비에 가득 모인 청림회 회원들에게 간단한 법어를 해달라고 청했다. 나는 여행의 목적은 관광이 아니라 살아있는 불타를 느끼기 위함이라고 역설했다. 지나치는 풀 한 포기에서도 부처님의 체취를 발견하기를 빈다고 하고 합장을 했다. 그들이 탄 뻐스는 떠났다. 난 무비 스님께서 창가에 앉아 계신 모습이 멀어지고 또 멀어질 때까지 수자타호텔 앞에서 손을 흔들었다.

내가 할 수 있는 마지막 남은 일은 이제 머리를 깎는 일이다. 난 내 머리를 항상 손수 깎는다. 이부갈이로 깎다보니 좀 지저분한 느낌이 들어 아예 박박 밀어버리고 말았다. 그리고 면도도 하고 구리무도 바르고, 정결하게 몸을 가다듬었다. 그리고 도올서원 제자이며, 디자이너인 승해군이 달라이라마 알현을 위하여 특별히 만들어준 검은 면의 도포를 단정하게 입었다. 그리고 구두까지 깨끗하게 닦았다. 그리고 남군·이군과 함께 티벹궁 앞에 1시 정각에 섰다. 복잡한 수속이 시작되었다. 몸과 짐의 철저한 검색과정을 거쳐야 했다. 너무 뒤져 싸니까 우리의 호위를 맡고 있던 미스터 타클라가 짜증을 냈다. 귀인들을 너무 홀대한다는 느낌으로 호위병들에게 짜증을 내는 것이었다. 여기서 알아야 할 것은 달라이라마의 수비를 맡고 있는 사람들이 티벹인이 아니라 인도인이라는 사실이다. 우리를 검색한 것도 티벹인들이 아니라 인도인이었다. 망명정부의 한 고달픈 측면을 여기서도 엿볼 수 있는 것이다.

(3권에 계속)

45. 벤자민 로울랜드 지음, 이주형 옮김, 『인도미술사』(서울 : 예경, 1999), p.118. 크레이븐의 하기서도 간다라불상에 관하여 개설적인 정보를 제공한다. Roy C. Craven, *Indian Art, A Concise History* (London : Thames & Hudson, 1997), pp.81~102.

46. Bamber Gascoigne, *The Great Moghuls* (New Dehli : Time Books International, 1987), p.222.

47. 이 거대사원의 완성자는 인도 중남부 데칸고원의 대부분을 지배한 라슈트라꾸따 왕조(the Rashtrakuta dynasty)의 크리슈나 1세(Krishna I, r. 757~83)였다. 그의 아버지 단띠두르가(Dantidurga)왕 때부터 시작되었지만 크리슈나 1세 때 집중적으로 그 대부분의 모습이 완성되었다고 여겨지고 있다. 이 거대암석조각은 시바신(Shiva)의 고향인 히말라야산맥의 카일라사 산(Mount Kailasa)을 자기의 왕국내에 옮겨놓음으로써 이 지상에서의 지배권을 확보한다는 상징적 의미를 지니고 있었다. 엘로라에서 멀지 않은 파이탄(Paithan)이 라슈트라꾸따왕조의 수도였다.

이 카일라사 사원의 존재로 인하여 라슈트라꾸따왕조야말로, 비록 남부데칸에 위치하고 있지만, 지구의 중심이 된다고 믿었으며, 그 왕조의 지배자는 챠크라바르틴(chakravartin, Universal Emperor, 전륜성왕)의 자격을 얻게되었다고 믿었던 것이다. 이 성전의 양외벽에는 힌두의 2대 서사시인 『라마야나』(*the Ramayana*)와 『마하바라타』(*the Mahabharata*)의 내용을 묘사하고 있는 정교한 조각으로 뒤덮여 있다. Vidya

Dehejia, *Indian Art* (London : Phaidon, 1998), p.131. Henri Stierlin, *Hindu India* (Köln : Taschen, 1998), pp.50~56. M. N. Deshpande, "Kailāśa: A Study in its Symbolism in the Light of Contemporary Philosophical Concepts and Tradition," *Ellora Caves*, Ratan Parimoo etal. (New Delhi : Books & Books, 1998), pp.230~254.

48. 『三國遺事』 卷第二, 紀異第二,「駕洛國記」.

49. 阿踰陀國, 周五千餘里。國大都城, 周二十餘里。穀稼豊盛, 花果繁茂, 氣序和暢, 風俗善順。好營福, 勤學藝。伽藍百有餘所, 僧徒三千餘人, 大乘小乘, 兼攻習學。天祠十所, 異道寡少。大城中有故伽藍, 是伐蘇畔度菩薩數十年中, 於此製作大小乘諸異論。…… 『大唐西域記』 卷五.

50. 쫑카파(Tsong-kha-pa, 1357~1419)는 티벹 4대종파의 하나인 겔룩파의 개종자이다. 그가 개종한 겔룩파 계보에서 달라이라마제도가 확립되었다. 달라이라마가 티벹의 정치적·종교적 최고지도자로서의 위치가 확립됨에 따라 쫑카파는 티벹 최대의 사상가로서 추앙되었고 그 부동의 권위가 확보되었다. 그는 중국역사로 이야기하면 원나라가 쇠망하고 명나라가 새왕조의 터전을 닦아가고 있던 전환기의 시대에 활약한 인물이다. 우리나라의 포은 정몽주나 삼봉 정도전과 대략 동시대의 사람이다. 보조 지눌에 비하면 2세기 후의 인물이다. 그러니까 티벹불교의 역사는 연대적으로 같은 시기에 발전한 우리나라 조선조의 유교역사와 비교되면 그 문화사적 이해가 용이하다. 쫑카파이후 달라이라마제도와 더불어 발전한 티벹불교 5백여 년의 역사는 龍樹 중심의 中觀學의 역사라고 한다면, 조선왕조 5백 년의 신유학의 역사는 朱子 중심의 朱子學의 역사라 할 수 있다. 티벹은 龍樹學을 중심으로, 조선은 朱子學을 중심으로 그 문명의 윤리적 핵을 형성시켰던 것이다. 용수와 쫑카파의 관계는, 朱子와 李退溪의 관계에 비유될 수 있는 것이다. 퇴계가 그러하듯이 쫑카파도 결코 독창적인 사상가라 하기는 어렵다. 그는 중관학의 집대성자이며 그것을 티벹의 풍토에 알맞게 재해석하였던 것이다. 그러나 그 학문의 깊이는 경이로운 수준을 과시하고 있다. 중국에 전달된 용수학은 용수의 『中論』과 『十二門論』, 提婆(Āryadeva)의 『百論』(Śataśāstra)이라는 三論의 극히 제한된 범위에 그친 것이며 그 내용도 기존의 立論을 破하는 데 그치는 준대승적

인 소극적 부정론(Negativism)이었지만, 티벹의 쫑카파에게 전달된 용수학은 대승불교와 밀교 전체를 포괄하고도 남을 매우 다양한 인도논사들의 논의가 모두 포섭된, 그리고 유식학의 문제의식을 극복한 중관학(中觀學)이었다. 쫑카파는 용수의 중관학을 중심으로, 소승의 율(律)과 대승의 이론, 그리고 밀교적 실천을 통합하고, 미륵의 미래불사상을 대중에 보급시켰다. 그리고 그러한 미래불적 사상을 페스티발화시켜 성·속의 융합을 꾀하고, 간덴(dGa-'lden)사원, 데풍사원, 세라사원을 건립하였다.

쫑카파에 관하여 손쉽게 그 개략적 상황을 파악할 수 있게 하는 책으로 우선 하기서를 꼽을 수 있다: 御牧克己·森山淸徹·苦米地等流 共譯, 『大乘佛典 第十五卷, ツォンカパ』, 東京 : 中央公論社, 1996. 쫑카파의 대표작은 그가 46세(1402) 때 집필했다는 『菩提道次第大論』(람림첸모, *Lam rim chen mo* ; 『菩提道次第廣論』으로도 한역된다)이다. 이 작품은 크게 下士·中士·上士의 道次第로 나뉘어 있는데, 上士의 道次第가 菩薩=大乘의 道次第이다. 이 大乘의 學習은 다시 總論과 各論으로 나뉘어 있다. 總論에는 六波羅蜜과 四攝事가 다루어져 있고 各論에는 六波羅蜜의 마지막 두 단계인 止(禪定)와 觀(智慧)의 문제가 상세히 다루어져 있다. 止·觀 이전의 보살론에 해당되는 부분이 영역된 것이 하기서이다: Alex Wayman tr. *Ethics of Tibet : Bodhisattva Section of Tsong-Kha-Pa's Lam rim chen mo*, Delhi : Sri Satguru Publications, 1991. 그리고 止·觀章에 해당되는 부분의 영역은 다음과 같다: Alex Wayman tr. *Calming the Mind and Discerning the Real : Buddhist Meditation and the Middle View From the Lam rim chen mo of Tsoṅ-Kha-pa*, Delhi : Motilal Banarsidass, 1979.

그런데 상기의 알렉스 웨이만의 번역은 미비한 곳이 많았다. 그래서 와싱톤과 뉴저지에 본부를 두고 있는 티벹불교학습센타(the Tibetan Buddhist Learning Center, TBLC)에서 주관하여 새로운 완역을 3권으로 시도하고 있는데 그 제1권이 최근에 출간되었다: Tsong-kha-pa, *The Great Treatise on the Stages of the Path to Enlightenment*, The Lamrim Chenmo Translation Committee tr., Ithaca : Snow Lion Publications, 2000.

일본에서는 쫑카파의 中觀學에 관한 번역·연구서가 3권 시리이즈로 출간되었다. 1) ツルティム·ケサン, 高田順仁 共譯, 『ツォンカパ中觀哲學の研究 Ⅰ』, 京都 :

文榮堂書店, 1996. 이 책은『菩提道次第大論』(*Lam rim chen mo*)의 요약본인『菩提道次第論中篇』(*Lam rim 'bring po*)의 觀에 관한 논술부분인,『觀略論』의 번역이다. 2) 片野道雄, ツルティム・ケサン 共譯,『ツォンカパ中觀哲學の硏究 Ⅱ』, 京都 : 文榮堂書店, 1998. 이 책은 쫑카파가『람림첸모』를 집필하고 난 6년 뒤에 집필한(1408)『未了義了義善說心髓』(레그 셰 닝뽀, *Legs bśad sñiṅ po*)의 후반부의 번역이다. 未了義는『解深密經』에 기초한 유식사상을 말하는 것이며 주로 三性說을 중심으로 해설을 시도하고 있다. 了義는 중관사상을 말하는데 自立論證派(Svātantrika)와 歸謬論證派(Prāsaṅgika)의 立論을 분석하고 있다. 이 후반부의 「中觀章」을 번역한 것이다. 3) ツルティム・ケサン, 藤仲孝司,『ツォンカパ中觀哲學の硏究 Ⅲ』, 京都 : 文榮堂書店, 2001. 이 책은 쫑카파의 二大弟子 중의 한 사람인 케둡제(mKhas grub rje, 1385~1438)가 쫑카파의『未了義了義善說心髓』를 주석한 작품,『千藥大論』(톤톤첸모)의 번역이다.『未了義了義善說心髓』의 중요한 주제들을, 般若・如來藏・因明・密敎등의 분야와도 관련지어 가면서 논구한 탁월한 연구서이다.

그리고『람림첸모』의 「止의 章」을 번역소개한 매우 훌륭한 단행본이 있다 : ツォンカパ著,『佛敎瑜伽行思想の硏究』, ツルティム・ケサン, 小谷信千代 共譯, 京都 : 文榮堂, 1991.

티벹에서는 쫑카파의 유식학 방면의 연구를 중시하지 않는 경향이 있다. 대체적으로 중관철학에 역점을 두기 때문이다. 그러나 쫑카파는 21세(1377) 때 유식에 관한 저작을 남겼다.『마나식과 아라야식에 관한 난해한 곳의 주석, 善說의 大海』(뀐쉬 깐델, *Kun gshiḥi dkaḥ ḥgrel*)라는 작품이 그것이다. 이 작품은『善說心髓』의 「唯識章」,『람림첸모』의 「止의 章」과 더불어 티벹유식학 방면의 희소한 서물로서 가치가 높다.『善說心髓』의 「唯識章」은 三性說을 중심으로,『람림첸모』의 「止의 章」은 瑜伽行을 중심으로,『뀐쉬 깐델』은 아라야식론을 중심으로 쫑카파가 전개한 유식방면의 3대저작이라 할 수 있다.『뀐쉬 깐델』은 쫑카파가 無着의『攝大乘論』에 의거하여 아라야식과 마나식에 관한 문제점을 해설한 것이다. 이 작품의 일본번역과 주해가 최근 출판되었다. 그리고 이 책에는 정평있는 겔룩파小史가 포함되어 있다. ツォンカパ 著,『アーラヤ識とマナ識の硏究 ― クンシ・カンテル―』, ツルティム・ケサン, 小谷信千代 共譯, 京都 : 文榮堂, 1994.

이상이 내가 쫑카파에 관하여 직접 구입하여 섭렵한 서물의 대체적 범위이다.

51. "달라이"(Dalai)는 "큰바다"(Ocean)라는 뜻을 가진 몽고어이고, "라마"(Lama)는 스승이라는 뜻을 가진 인도어 "구루"(guru)에 해당되는 티벹어이다. 그래서 달라이와 라마를 합하여 "지혜의 바다"(Ocean of Wisdom)라고 번역하기도 하는데, 달라이라마 자신의 설명에 의하면 이러한 이해방식은 역사적 정황을 정확히 모르는 데서 비롯된 오해일 뿐이라고 한다. "달라이"는 제3대 달라이라마의 이름인 소남 갸초(Sonam Gyatso)의 "갸초"를 몽고말로 번역한 데서 생겨난 이름일 뿐이라는 것이다. "갸초"는 티벹어로 "바다"라는 뜻을 갖는 말이었던 것이다. 그리고 "라마"를 중국사람들이 "活佛"(huo-fo)로 번역하는데 이것 또한 매우 잘못된 이해방식이라고 지적한다. 티벹불교는 근본적으로 활불의 개념을 인정하지 않는다.

현 달라이라마의 본명은 라모 톤둡(Lhamo Thondup)이며 그것은 "소원을 성취시켜주는 여신"(Wish-Fullfilling Goddess)의 뜻이다. 그의 고향 이름은 탁처(Taktser)인데 티벹의 동북부 변방의 암도(Amdo)지역에 속해 있다. 그의 부모는 작은 땅을 임대하여 삶을 영위했던 자작농이었다. 그는 1935년 7월 6일에 태어났다. "텐진 갸초"라는 이름은 1940년 겨울 포탈라궁에서 티벹의 정신적 지도자로서 공식취임한 후에 견습승려로서 득도할 때 받은 이름이다. 그때 타푸(taphue)라는 삭발의식을 거치게 되는데 당시의 섭정인 레팅 린포체(Reting Rinpoché)가 베풀었다. 그때 받은 풀네임이 "잠펠 가왕 롭상 예쉐 텐진 갸초"(Jamphel Ngawang Lobsang Yeshe Tenzin Gyatso)였다. Dalai Lama, *Freedom in Exile* (New York : Harper Collins, 1991), pp.1~18 passim.

52. 同上, p.8.

53. 이상의 참상에 관한 기록은 나의 문학적 표현이 아니라 정확한 증언에 의한 것이며, 대부분 달라이라마의 자서전, 『유배된 자유』에 의거한 것이다. *Freedom in Exile*, p.249.

54. 고익진 편역, 『한글 아함경』 p.20. 『大正』 3-463. 『수행본기경』에는 관상쟁이 수약야(隨若耶)가 하는 말로 나오고 있다.

55. 김형준 엮음, 『이야기 인도사』(서울 : 청아출판사, 2000), pp.157~160. 인도의 역사에 관하여 기초적인 지식을 얻고 싶은 사람들에게 상기의 책을 권한다. 비교적 간결하고 명료하게 잘 서술하였다.

56. 『南傳』7-120~5. 강기희 역, 『대반열반경』(서울 : 민족사, 1994), pp.121~7. 최봉수 옮김, 『팔리경전이 들려주는 고타마 붓다』(서울 : 불광출판부, 1996), pp.228~233. 강기희의 번역은 일역 『南傳』본에서 중역한 것이고, 최봉수의 번역은 팔리어장경에서 직접 옮긴 것이다. 최봉수의 번역을 기초로 해서 강기희역본을 참고하면 좋을 것이다. 최봉수의 상기서에도 『대반열반경』의 완역이 포함되어 있다.

57. 『南傳』7-157~8. 강기희 역 『대반열반경』, p.167.

58. 『南傳』7-162. 강기희 역 『대반열반경』, pp.172~3. 이 舍利八分의 種族문제는 원시불교의 시대상황을 이해하는 데 매우 중요한 단서를 제공하는 정보이다. 이 출처는 팔리장경 『대반열반경』(*Mahāparinibbāna-Suttanta*) 외로도 산스크리트본 『대반열반경』(*Mahāparinirvāṇa-Sūtra*), 그리고 『長阿含經』所收의 「遊行經」(『大正』1-29~30), 『般泥洹經』(『大正』1-190)에 각기 유사한 기사가 있다. 이 八分種族에 관한 연구로서 매우 중요한 논문은 宮坂宥勝의 『佛教の起源』(東京 : 山喜房, 1987), 第二章 殘存種族, 第一節 原始佛教と殘存種族, 第二節 舍利八分の種族的意義를 보라. 엥겔스(Frederick Engels)가 『가족, 사유재산 및 국가의 기원』(*The Origin of the Family, Private Property and the State*)에서 지적한 바 "자유인과 노예의 분열," 그리고 루벤(W. Ruben)이 불교흥기의 시대적 특징으로 규정한 "종족과 국가의 대립"(Der Gegensatz von Staam und Staat)이라는 중요한 논점을 차용하면서 싯달타시대의 종족사회의 여러 가지 측면을 분석한 본 논문은 인도의 대석학 단게(S. A. Dange)의 시대분석을 기초로 깔면서 매우 계발적인 언급을 치밀하게 전개하고 있다.

59. 卒塔婆, 率都婆, 率都波, 窣覩波, 窣堵波, 窣覩婆, 窣堵坡, 藪斗波, 蘇偸婆 등 무수히 다양한 음사가 있다.

60. 塔婆는 兜波, 偸婆 등으로도 쓰이는데, 그것은 산스크리트어의 "stūpa"에 대하여, 프라크리트어의 "thūva"의 음사로 볼 수도 있다.

61. 이러한 문제에 관한 매우 상세하고도 중요한 논의로서 우리가 꼭 봐야 할 논문은 사계의 대석학인 히라카와 아키라의 하기서를 들 수 있다. 여기 그 자세한 내용을 다 소개할 수 없는 것을 유감스럽게 생각한다. "大乘佛教と塔寺," 平川彰著作集 第4卷, 『初期大乘佛教の硏究Ⅱ』(東京 : 春秋社, 1997), pp.189~218.

62. 이런 문제에 관한 매우 훌륭한 논의는 다음의 논문을 보라. 佐和隆硏, "佛塔と佛舍利の信仰," 『佛敎敎團の硏究』, 芳村修基編(京都 : 百華苑, 1968), pp.589~615. 인도로부터 일본에 이르기까지 가람배치에 관한 역사적 변천을 일목요연하게 잘 설명하고 있다.

63. 익산의 미륵사는 멸망해가는 백제의 중흥을 꾀한 서동설화의 주인공 무왕(r. 600~641) 때 창건된 것이다. 『삼국유사』의 기록과 고고학적 발굴조사의 결과가 일치되므로 조성연대는 이의가 있을 수 없는 것으로 보인다. 지금 남아있는 유일한 유물이 미륵사 두 개의 석탑 중의 서탑이다. 그리고 최근 1992년에는 현존하는 서탑에 준하여 남아있는 부재들을 활용하면서 9층의 동탑을 새롭게 복원하였다.

최근의 발굴결과, 서탑과 동탑 사이에 거대한 목탑이 있었던 것으로 밝혀졌다. 그리고 이 중앙 1목탑 양쪽 2석탑의 뒤쪽에는 각기 3개의 금당이 자리잡고 있었던 것이 밝혀졌다. 그리고 금당 사이로 회랑이 있어 1탑1금당이 하나의 독립된 사원을 이루고 있는 느낌을 준다. 그러니까 1탑1금당을 하나의 독립된 사원의 유니트로 보면 3개의 사원 유니트가 합쳐진 모습이다. 이러한 三塔三金堂의 三院식 배치는 당대 어느 곳에도 유례가 없는 유니크한 것으로 미륵사상과 관련 있는 백제인의 창안으로 간주되고 있다. 그러나 그 배치의 심층구조는 황룡사의 一塔三金堂의 체계를 계승하고 있다고도 볼 수 있다. 황룡사의 一木塔三金堂 체계에다가 양쪽으로 木塔의 카피로서의 두 石塔을 놓으면 그것은 곧 미륵사가 되기 때문이다.

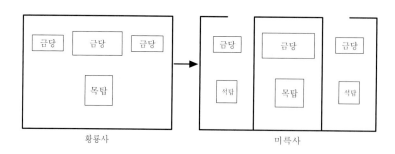

황룡사   미륵사

그러니까 미륵사의 전체구조는 어디까지나 금당중심구조라기 보다는 탑중심구조의 사찰배치형태를 유지하고 있다고 보아야 한다. 그런데 새로운 획을 긋는 미륵사의 역사적 의의는 목탑의 카피로서의 두 개의 석탑의 존재에 있다. 왜 그러한 발상을 했을까? 세 개의 탑을 조성해야만 할 필연성이 어디에 있었을까? 이것은 역시 『三國遺事』 卷第二 武王條에 나오는 기사에서 그 正解를 찾을 수밖에 없다. 절 자체의 이름이 미륵사(彌勒寺)라는 사실, 그리고 그 뒤의 산의 이름이 용화산(龍華山)이라는 사실에서 이미 그 생생한 증언을 들을 수 있지만, 가장 중요한 결정적 단서는 "乃法像彌勒三會, 殿塔廊廡各三所創之, 額曰彌勒寺。"라는 기사 그 자체에 이미 명료하게 드러나 있다. 기존의 대부분의 번역이 "彌勒三會"를 "彌勒三尊"으로 잘못 교정해놓은 낭설에 근거하여 해석상의 오류를 발생시키고 있으나, 이것은 있는 그대로의 원문에 따라 정확하게 해석되어야 옳다. "彌勒三會"라는 것은 미륵이 도솔천에 올라간지 56억7천만년 후에 다시 인간세로 내려올 때 龍華樹 밑에서 세 번의 설법집회를 갖는다는 미륵하생(彌勒下生)의 신앙과 관련있는 것이다. 첫 번째 집회(初會)에서 96억명의 사람을, 두 번째 집회(二會)에서 94억명의 사람을, 세 번째 집회(三會)에서 92억명의 사람을 제도한다는 것이다. 이것을 보통 "龍華三會" 혹은 "彌勒三會"라고 부른다. 그렇다면 『삼국유사』의 본문에 있어서 "法像"을 불상과 관련된 뜻으로 애매하게 해석할 것이 아니라, 곧 사찰의 구조를 정확하게 지적한 것으로 한 자 한 자 명료하게 해석해야 한다. 여기 "像"은 불상의 뜻이 아니라, "본뜬다"(to model after)의 뜻이며, "法"은 내면적으로는 사찰을 지은 법도를 의미할 수도 있고, 보통의 용례로서는 像과 함께 "본뜬다"는 동사로 해석되는 것이다. 본문을 정확하게 해석하면, "그 절은 지은 법도는 미륵이 하생하여 베푸는 용화삼회를 본떠서 금당과 탑과 회랑을 각기 셋으로 하여 창건한 것이다. 그 편액은 미륵사라 하였다." 여기 가장 중요한 키워드는 三會와 三所다.

즉 세 번 집회를 갖는 세 개의 다른 장소를 용화수 밑에 확보하기 위하여 三院의 구조를 가진 미륵사를 용화산 밑에 창건하였다는 것이다.

이러한 종교적 사상의 근원을 떠나 순수하게 건축학적으로 미륵사를 고찰하면, 황룡사의 一木塔三金堂의 체계를 一木塔二石塔三金堂의 체계로 변조시키면서 생기는 파격성을 회랑을 둘러침으로써 완화시켰다고 볼 수도 있다. 그렇게 되면 一院의 구조는 一塔一金堂의 가장 보편적인 백제가람전통을 계승한 것이 된다(군수리사지, 동남리사지, 금강사지, 서복사지, 정림사지가 모두 일탑일금당의 기본구조를 가지고 있다). 그러나 이 一木塔二石塔의 三塔체제는 매우 파격적이고 창의적인 것이다. 그리고 목탑이 석탑화되는 최초의 계기를 형성함으로써 향후의 탑의 새로운 운명을 결정지었다. 목탑의 의제(擬製)로서의 석탑의 출현은 곧 탑이 싯달타의 무덤이라는 오리지날한 의미에서 건축조형상의 한 디자인적 양식으로 전환된다는 것을 의미한다. 이것은 중국이라는 이역에서 탑이 갖는 의미의 한계성으로부터 도출되는 것이다. 즉 인도를 떠나게 되면 이미 탑의 가장 핵심부분인 석가모니의 뼉다귀 원품을 구할 수 없었기 때문에 원래적 의미는 점차 소실되어갈 수밖에 없었고 따라서 그 중심자리를 불상이 대신할 수밖에 없었던 것이다.

미륵하생의 신앙은 三時의 末法사상과 깊은 관련을 맺고 있다. 무왕은 백제왕국의 말세적 상황을 미륵하생의 구원, 즉 종교적 메시아니즘을 통해 극복하여 보려고 발버둥쳤던 것이다. 고려말기에 몽골의 침입을 팔만대장경의 조판으로 물리치려고 한 것이나 백제말기에 미륵하생의 三會三所의 거대한 사찰을 창건한 것이나 모두 우리에게 위대한 문화유산을 남겼을지는 모르나 보다 근원적인 정치상황에 대한 구체적인 처방을 도외시함으로써 패망의 골을 더욱 깊게 팠을지도 모른다. 그러나 서동요의 주인공 맛똥 무왕과 선화공주는 민중의 사랑을 받은 로맨스의 인물들이었을 것이다. 미륵사 근처 고도리(古都里)에 남아있는, 논이랑 한가운데 정겨웁게 마주보고 있는 한 쌍의 민불(民佛) 석상의 모습이나, 소조한 송림사이로 말없이 잠들고 있는 쌍릉의 고적감은 무엇인가 그러한 흥망의 비애로움을 우리에게 전달해주고 있는 것이다. 전라북도 익산지구 문화유적지관리사업소 미륵사지유물전시관 학술총서 제1책, 『미륵사지석탑』(2001)을 참고하였다.

64. 호오류우지(法隆寺)는 쇼오토쿠 타이시(聖德太子, 574~622)와 스이코 텐노오(推

古天皇, r. 592~628)의 발원으로 607년에 완성되었고, 법주사(法住寺)는 진흥왕 14년 (553)에 창건되었다. 현존하는 팔상전 5층목탑은 정유재란 때 소실된 것을 선조 38년 (1605)에 사명당·벽암 등에 의하여 중창이 시도되었다. 전후 폐허의 열악한 상황에서 스님 목수들의 22년간의 피땀어린 노력으로 1626년에 완공을 보았던 것이다. 황룡사 역시 553년에서부터 645년에 이르기까지 약 1세기에 걸쳐 3금당1탑식의 가람의 모습을 갖추게 된 것이다. 황룡사, 법주사, 호오류우지가 모두 일목탑구조의 공통성을 가지고 있는데 그 원형은 같은 시대축에 속하는 것으로 보아야 할 것이다.

65. 아스카데라의 현재의 절 이름은 호오코오지(法興寺)이다. 蘇我馬子가 588년부터 609년에 걸쳐, 백제인들의 도움으로 건립되었다고 전하여지는 일본 最古의 절이다. 1956~57년의 조직적인 발굴에 의하여 가람배치가 명료하게 드러났는데 塔을 중심으로 東·西·北의 三方에 金堂이 자리잡고 있다. 中金堂과 塔의 배치가 종적인 동선을 그리고 있다는 점에서 황룡사의 배치와 일치된다. 그러나 아스카데라의 배치는 황룡사에 최소한 1세기 이상을 앞서는 고구려 淸巖里사지의 배치와 일치하므로 고구려의 영향권에서 태어난 사찰로 간주되지만, 백제공인들의 참여는 『일본서기』의 기록으로 미루어 볼 때 확실시되는 것이다. 기본설계는 고구려설계이며 와당 등 실제건축내용물은 백제의 영향이 뚜렷하다. 일본이라는 신세계에 있어서는 백제인과 고구려인의 협업체계가 불가능한 일은 아니었을 것이다. 청암리사지의 절은 文咨王 때(497) 창건된 金剛寺로 추정되고 있다. 尹張燮, 『韓國建築史』(서울 : 東明社, 1994), p.58.

66. 이러한 문제에 관하여 도움을 얻을 수 있는 건축학계의 저술로서는 鄭寅國의 『韓國建築樣式論』, 서울 : 一志社, 1991, 張慶浩의 『韓國의 傳統建築』, 서울 : 文藝出版社, 1994 등을 꼽을 수 있다. 그리고 최근에 나온 金東旭의 『한국건축의 역사』, 서울 : 技文堂, 2002는 사찰건축의 사적 흐름을 비교적 평이하게 그리고 포괄적으로 잘 서술하고 있다. 그러나 이러한 서적들이 모두 개괄적인 언급에 그치고 있으며 내가 여기서 말하는 심층구조에 대한 이론적 틀이 충분히 반영되어 있지 못하다. 그 패러다임적 변화의 정확한 의의를 파악하고 있지 못한 것이다. 이러한 문제의식을 가지고 그 구조적 변천을 파헤치려고 노력한 보다 전문적인 논문으로는 연세대학교 건축공학과 金聖雨교수의 미시간대학 박사학위논문을 꼽을 수 있다. 가람의 배치를 5개의 패턴으로 분류하여 시대적 변천을 동아시아 전체 사찰의 비교론적 시각

에서 상세히 설명하고 있다. Sung-woo Kim, *History and Design of the Early Buddhist Architecture in Korea*, Ph.D. dissertation, Architecture and History of Art in the University of Michigan, 1985.

67. 이 기록은『阿育王傳』(*Aśokarājāvadāna*,『大正』50-102)과『阿育王經』(*Aśokarāja Sūtra*?,『大正』50-135)에 나오고 있다. 아쇼카왕(阿育王)의 八萬四千塔의 이야기는 우리나라『三國遺事』卷第三 塔像第四 遼東城育王塔條에도 매우 명료하게 기술되어 있다.

68. 이 문제는 대승불교운동의 기원에 관한 매우 중요한 단서를 제공하는 방대한 주제이다. 나는 이 주제를 매우 요약적으로 일목요연하게 정리한 히라카와 아키라(平川彰) 선생의 논문에 깊은 감명을 받았다. 대석학의 통찰이다. Hirakawa Akira, "Stupa Worship," *The Encyclopedia of Religion*, ed. by Mircea Eliade(New York : Macmillan, 1987), vol.14, pp.92∼5.

69. 차이띠야(caitya)는 중국문헌에서 支提, 枝提, 制多, 制底, 脂帝 등으로 음역된다.

70. 浮屠는 浮圖, 浮都라고도 음사된다. 부도(浮屠)는 본시 "붓다"(Buddha)에서 와전(訛轉)된 것인데, 우리나라에서는 고승들의 사리탑을 특칭하는 개념으로 쓰이고 있다. 그런데 이 부도야말로 우리나라 사람들에게 스투파를 이해시키기에 가장 적합한 개념이다. 스투파는 곧 부처님의 부도인 것이다. 즉 탑을 부처님의 부도라고 생각하면 가장 정확한 이해에 도달하게 되는 것이다.

71. 인도의 석굴사원에는 한 공간 안에 차이띠야와 비하라가 융합되어 있는 형식도 발견되지만, 우리나라에도 법당과 요사채는 구분되듯이 차이띠야(법당)와 비하라(승방)는 공간적으로 분할되며, 양자는 다른 전통에서 시작된 것이다. 이것이 큰 토지를 기증받게 되면서 각기 분할되는 건물군을 형성하면서 가람(saṃghārāma)이 이루어진 것이다. 가람의 형성은 또 다시 승가의 역사에 있어서 비상주 걸식(遊行)과 상주(常住)의 문제와 관련되고 있다.

72. 아쇼카석주는 반드시 불교의 성지와 관련있는 것에 한정된 것은 아니다. 어느 것은 명문이 없는 것도 있다. 그것은 아쇼카의 칙령(Edicts)의 상징이다. 기록에 의하면 이러한 비문은 181개가 있었다고 하는데 사람들의 왕래가 많은 길가에 세워졌으며 당시의 사람들이 읽기 쉽도록 각 지방의 토속어로 쓰여졌다. 사실 토속어의 유실로 판독이 어려운 것도 많다. 현재 45개가 발견되었다고 한다. 데칸고원, 간지스강 유역, 파키스탄, 아프가니스탄 등지에까지 넓게 분포되어 있다. 이 비문은 바위형태(the Rock Edicts)와 돌기둥형태(the Pillar Edicts)의 두 형태가 있는데, 현재 중요한 것은 바위형태 14기와 석주형태 7기가 남아있다. 나머지는 사소하고 별 중요한 내용이 없는 것들이다. 석주형태는 주로 간지스강 유역에 분포되어 있다.

73. 不慮菩提遠, 焉將鹿苑遙。只愁懸路險, 非意業風飄。八塔誠難見, 參差經劫燒。何其人願滿, 目覩在今朝。慧超, 『往五天竺國傳』. 자유롭게 의역하였다.

74. 불교철학에 관심을 갖는 사람이라면 꼭 한번 탐독해 볼만한 20세기 불교논리학의 최고의 명저이다. 이 책은 대승불교 후기 논서(śāstra)들에 나타나는 논리와 인식의 제문제를 광범위하게 다루고 있으며 서양철학사의 명료한 인식 속에서 그 논의의 보편적 가치를 가늠질하고 있다. 6 · 7세기에 활약했던 디그나가(陳那)와 디르마키르티(法稱)의 논리학과 인식론의 체계를 집중적으로 천착하고 있다. 레닌그라드의 소련과학원(the Academy of Sciences of the U. S. S. R)에서 1930년경 출판된 책인데 1962년 미국에서 다시 출판되었다. th. Stcherbatsky, *Buddhist Logic*, New York : Dover, 1962. 2 Vols. 우리나라에서는 Vol.1에 해당되는 부분만, 임옥균에 의하여 번역되었다. 데오도르 체르바츠키 지음, 임옥균 옮김, 『佛敎論理學』, 총2권, 서울 : 경서원, 1997.

75. 달라이라마의 어머니는 1981년에 돌아가셨다. 달라이라마의 어머니가 돌아가시기 전에 하신 이 이야기는 달라이라마의 자서전에 실려있다. *Freedom in Exile*, p.239.

76. 道路雖卽足賊, 取物卽放, 不殤煞。如若怯物, 卽有損也。慧超, 『往五天竺國傳』.

77. 중국말의 "茶"(츠아)라는 것도 인도의 "차이"(cāy: "짜이"로 발음을 표기할 수도 있

지만 "차이"로도 가하다. "c"는 짜와 차의 중간음이다)에서 유래된 것이다. 선진문헌에는 "茶"라는 글자가 등장하지 않는다. 인도인들의 "짜이"는 우리가 생각하는 홍차잎에다 가 우유나 생강 혹은 다른 향신료를 같이 넣어 달인 것이며 길거리·가정 어디서나 가 장 보편적인 음료이다. 그리고 반드시 흑설탕이 들어가기 때문에 대체적으로 달다. 참 으로 보기 좋은 것은 서민들이 길거리에서 이 차를 아주 원시적인 토기에 담아 먹는 데, 한번 마시고 그 토기를 깨어버리는 것이다. 토기를 종이컵보다 더 싸게 생각하는 것인데 나의 눈에는 옛 신라의 토기보다도 더 귀한 물건으로 보였다. 몇개 싸 가지고 왔다.

78. "빤"(paan)은 베텔(betel) 너트와 잎새, 그리고 약간의 단 것과 라임 등을 첨가하 여 만든 것으로 약간의 중독성이 있다.

79. 현재 중국인들이 티벹을 부르는 이름이다. 그러나 진정한 "自治"는 오로지 달라 이라마의 모든 권한을 회복함으로써만 가능해지는 것이다.

80. A. J. 크로닌 원작, 고우영 글·그림, 『천국의 열쇠』, 서울 : 기쁜소식, 2000.

81. 무비스님, 『금강경 강의』, 서울 : 불광출판부, 1995.

82. 이러한 문제를 최근 일목요연하게 내가 정리해놓은 것은 『도올논어』 1권 속에 들 어있는 "나의 해석학적 입장"이라는 글이다. 김용옥, 『도올논어 1』(서울 : 통나무, 2000), pp.139~148.

檮杌 金容沃

- 충남 천안 태생
- 고려대 생물과
- 한국신학대학
- 고려대 철학과 졸업 (72)
- 국립대만대학 철학과 석사 (74)
- 일본 동경대학 중국철학과 석사 (77)
- 하바드대학 철학박사 (82)
- 고려대 철학과 부교수 부임 (82)
- 고려대 철학과 정교수 (85)
- 억압된 정치상황 속에서 양심선언문을 발표하고,
  고려대 철학과 교수직을 사직 (86. 4.)
- 그 후로 자유로운 영화, 연극, 음악, 저술 활동
- 원광대학교 한의과 대학졸업 (90~96)
- 동숭동에 도올한의원 개원, 환자를 돌보다 (96. 9.)
- 서울대 천연물과학연구소 교수 · 용인대 무도대학 유도학과 교수 · 중앙대
  의과대학 한의학 담당교수 · 한국예술종합학교 연극원 강사 역임 (96~98)

현재 : 도올서원 강주

저서 : 『여자란 무엇인가』, 『東洋學 어떻게 할 것인가』, 『절차탁마대기만성』, 『루어투어 시
  앙쯔』(上·下), 『중고생을 위한 철학강의』, 『아름다움과 추함』, 『이땅에서 살자꾸나』,
  『새춘향뎐』, 『老子哲學 이것이다』, 『나는 佛敎를 이렇게 본다』, 『길과 얻음』, 『新韓
  國紀』, 『白頭山神曲 · 氣哲學의 構造』, 『시나리오 將軍의 아들』, 『讀氣學說』, 『태권
  도철학의 구성원리』, 『도올세설』, 『대화』, 『도올논문집』, 『氣哲學散調』, 『三國遺事
  引得』, 『石濤畵論』, 『너와 나의 한의학』, 『醫山問答 : 기옹은 이렇게 말했다』, 『삼국
  통일과 한국통일』(上·下), 『天命 · 開闢』, 『도올선생 中庸講義』, 『건강하세요 I』, 『話
  頭, 혜능과 셰익스피어』, 『이성의 기능』, 『도올 김용옥의 金剛經 강해』, 『노자와 21
  세기』(1·2·3), 『도올논어』(1·2·3)

달라이라마와 도올의 만남(2)

2002년 8월 2일 초판발행
2002년 8월 17일 1판 2쇄

지은이 김 용 옥
펴낸이 남 호 섭
펴낸곳 통 나 무

서울 종로구 동숭동 199-27
전화 : (02) 744 - 7992
팩스 : (02) 762 - 8520
출판등록 1989. 11. 3. 제1-970호

ISBN 89-8264-082-7   04220
ISBN 89-8264-080-0   (전3권)